高情商会说话

杨粟裕 著

中国出版集团 现代出版社

图书在版编目（CIP）数据

高情商会说话 / 杨粟裕著. –– 北京：现代出版社，
2019.4
ISBN 978-7-5143-7483-4

Ⅰ. ①高… Ⅱ. ①杨… Ⅲ. ①心理交往–通俗读物
Ⅳ. ①C912.11-49

中国版本图书馆 CIP 数据核字 (2019) 第 041247 号

高情商会说话

作　　者	杨粟裕
责任编辑	赵海燕　王羽
出版发行	现代出版社
通讯地址	北京市安定门外安华里 504 号
邮政编码	100011
电　　话	010-64267325　64245264（传真）
网　　址	www.1980xd.com
电子邮箱	xiandai@vip.sina.com
印　　刷	辽宁金印文化传媒有限公司
开　　本	710×1000mm　1/16
字　　数	173 千字
印　　张	16
版　　次	2019 年 6 月第 1 版　2019 年 6 月第 1 次印刷
书　　号	ISBN 978-7-5143-7483-4
定　　价	42.00 元

高情商的人都是沟通高手

在生活中,为什么处处可见才华横溢的穷人?在事业上,为什么有些天才的想法迟迟得不到实现? 在人际交往中,为什么能言善辩的人却得不到别人的认同?

成功绝非偶然,但凡一个在人际交往中游刃有余的人,必定有其不容小觑的人脉。而助其维系这一切的,则是超高的情商。

在哈佛大学的墙上有这样一句话:"智商决定录取,情商决定提升。"英国的《泰晤士报》也说:"情商是开启心智的钥匙,激发潜能的要诀,它像一面魔镜,令你时刻反省自己、调整自己、激励自己,是你人生获得成功的力量源泉。"这些名言都在向我们传递一个讯息,高情商的人更容易获得成功。

智商只决定了一个人做事的能力,而情商则决定了一个人做人的能力。有些人智商超群,在学校里一直出类拔萃,但他们的人际关系并不怎么好,工作能力也不怎么强;有些人智商平平但情商却很高,他们说话得体,办事得当,在人际交往中游刃有余。由此可见,不管是在生活中还是工作中,情商比智商更为重要。

美国的一位心理学家曾经对美国的历任总统做过一项调查，调查结果表明：华盛顿、林肯和罗斯福都是"情商一流，智商二流"的代表人物，他们的智商并不突出，但他们达到了很多高智商者都无法企及的高度；而从小就有"神童"称号的尼克松、威尔逊和胡佛，却由于自控能力差、不善于与人打交道而业绩平平。

情商不仅是人际交往的钥匙，更是影响个人命运的重要因素。任何一个人要想拥有良好的人际关系、做出明智的选择、保持积极的心态，都离不开高情商的作用。

高情商沟通不仅是一种才能，更是一种价值观。拥有这种才能和价值观的人，总能找到开启沟通之门的钥匙，一开口就说到对方心窝里。

《高情商会说话》以阐述情商为基础，结合一些小故事，以通俗易懂的语言，为读者提供了一套简单方便、行之有效的提高沟通力的方法。阅读本书，能让你开阔胸怀、拓宽眼界，能教你学会巧妙地应对复杂的人际关系，从而在个人生活和事业生涯中获得成功。

目 录

第一章
高情商沟通,决定人生的高度

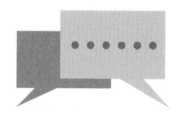

高情商是沟通的基础

情商,又称"EQ",直译过来就是情绪智慧。哈佛大学心理学家戈尔曼教授发现,促使一个人成功的因素中,只有20%取决于智商,其余80%取决于情商。

那么,高情商的人有哪些表现呢?

首先,高情商的人能够管理好自己的情绪,做情绪的主人。高情商的人做事常常有条不紊,即便在工作中犯了错误,他们也不会埋怨别人,更不会将责任推到别人头上。

其次,高情商的人心胸宽广,得饶人处且饶人,不会为了一点小事斤斤计较。他们善于管理自己的情绪,体谅别人的难处,宽容别人的错处,关注别人的长处。

再次,高情商的人善于掌握谈话的技巧,他们通常会用清新、幽默、机智的语言来感染他人，及时使自己摆脱被动的局面，掌握谈话的主动权。

另外，高情商的人在与人初次接触的时候，总是会一见面就叫出对方的名字，使别人愿意和他接近，并且愿意建立长久的关系。

最后，高情商的人在和别人交谈的时候，不是自己夸夸其谈，而是站在对方的立场上，耐心听取别人的讲话，喜欢仔细聆听别人的谈话，给人留下一种尊重人的感觉。

一天，王雨在澳大利亚出差的时候，看到了这样一幕：

一个满脸歉意的工作人员，正在竭尽所能地安慰一个大约四岁的西方小女孩。可能是因为受了惊吓，那个小女孩已经哭得上气不接下气了。

跟旁边的人询问了原因，王雨才知道，原来这位工作人员是网球教练，当天由于小孩太多，在网球课结束的时候，这位教练漏算了一位，将小女孩留在网球场大半天。等她发现人数不对跑回去的时候，才看到这个小女孩一个人在球场哭得声嘶力竭。

不一会儿，那个小女孩的妈妈出现了。王雨心想，这位母亲会怎么做呢？痛骂那位教练一顿，然后气呼呼地带着女儿离开，还是到学校投诉这位工作人员，让她丢了饭碗？

都不是！只见这位妈妈耐心地安慰哭闹的小女孩，等她情绪稳定了,便告诉她说:"宝贝,已经没事啦,那位姐姐为了找你可是费了好大劲呢!她不是故意的,你现在必须亲亲那位姐姐的脸蛋,安慰她一下。"

当那位小女孩踮起脚尖,认真地亲了亲工作人员的脸颊,并告诉她"不要害怕,已经没事了"的时候,王雨看到那位工作人员的眼角有泪水滑过。

这位母亲就是典型的高情商人士。拥有高情商的人,往往具备很强的交际能力,他们对别人的感受和情绪比较敏锐,所以能很好地传达信息,避免和别人发生分歧。而高智商者则不然,因为他们太聪明了,总是能想到别人下一句要说的话,而且总赶在前面把对方的话堵死,所以,他们的人际关系并不怎么好,事业也不怎么顺利。

一位女职工刚休完产假回来,给同事们看她刚刚满月的女儿的照片。大家都捧场地夸小女孩很可爱,该职工一脸满足地微笑。

当她将手机递到一位女同事手里时,对方端详了半天说:"可爱吗?我怎么一点也没觉得啊?你看这眼睛,好小啊,我还是觉得那个当红小童星好看,长成人家那样才叫可爱。"

该职工气呼呼地拿回自己的手机,扔下一句:"我是普通人,只能生普通的孩子,您以后自己生个小童星那样的吧!"

女同事似乎完全没有察觉到对方的怨气，仍然不冷不热地说："其实眼睛小也不算啥大事，现在整容技术这么发达，长大后去趟韩国就行了。"

该职工终于忍无可忍了，摔门而出，女同事一脸无辜地看着别人说："她干吗生那么大气？我说错话了吗？"

同事们全部低下头，装作努力工作的样子……

不会说话，在不知不觉中得罪人，是低情商的主要表现之一。可以这样说，情商的高低是一个人能够取得成功最关键的因素，没有高情商，即使智商再高、能力再强，都难以取得成功。

那么，怎样才能练就高情商，让你在职场、生活中如鱼得水呢？

1. 学会管理情绪

负面的情绪往往会让人加深对你的坏印象，当情绪成为负面的时候，情商也就大打折扣了。阿里巴巴的创始人马云说："作为一个领导人，应该控制自己的情绪，很多时候发脾气是无能的表现，合理的情绪控制对于团队的和谐、稳定军心有大作用。"因此，我们需要时刻培养良好的自制能力和宽容的涵养气度，凡事不能意气用事，无论在什么情况下，都要善于驾驭自己的情绪。

2. 善解人意

古今中外的那些名人雅士，或清新典雅，或才华横溢，但他们都有一个共同的特点,就是善解人意。善解人意的人通常能很快地融入人群当中去,让别人觉得跟他说话很轻松,也更容易赢得别人的认可。

3.从容淡定

做事毛手毛脚,心情忽冷忽热,这样的人情商自然不会很高。高情商的人,具备"泰山崩于前而色不变,麋鹿兴于左而目不瞬"的良好心态。当你保持一颗从容淡定的心去处世的时候,成功的概率就会很大,即使失败了,也会抱着正直客观的态度来面对。

高情商沟通，社交的入场券

一位哲学家曾这样说过："不具备交际能力的人，就像在陆地上行走的船，永远到不了人生的大海。"

过去，我们的生活环境相对封闭，人与人之间的交往也比较简单，基本上是各自沿自己的轨迹生活，往来并不频繁，因此我们不需要熟练的社交能力和社交技巧。

现如今，各种信息纷至沓来，我们跟世界的联系日渐紧密。世界在变，环境在变，由于人们的文化背景各不相同，彼此打交道的时候就需要非凡的社交能力。可以这样说，你提高了自己的社交水平，就等于改变了打开这个世界的方式。

拥有良好的人际关系，是一个人生活幸福、事业有成的重要标志。我们只有不断地与各种人进行信息沟通，才能不断地自我完善、自我成长、自我蜕变。

高情商沟通可以使我们的人际关系进入良性循环，增加彼此之间的了解与体谅，从而提升我们的工作质量、扩展我们的人脉、提升我们的幸福指数。

而真正意义上的高情商沟通，通常包含以下几个方面：

1. 沟通首先是思想的传递；

2. 要使沟通成功，不仅要传递思想，还要传递感情；

3. 在沟通的过程中，决定其结果的，是情绪和表达方式，而不是信息本身；

4. 高情商沟通并不仅仅表现为双方之间达成协议，更表现为双方建立长久稳定的关系；

5. 高情商沟通的手段是多样化的。

一个不会说话、缺乏沟通能力的人，往往可能会被社会孤立、被组织架空，生活与工作皆步履维艰，患心理疾病的概率也比平常人要高；而一个善于交谈、深谙沟通技巧的人，则往往会很顺利地在工作中打开局面，赢得自己的发展空间，并获得非凡的成就。

蒋华山是西安一家建材公司的销售部经理。一天，他到黑龙江去见几个非常重要的客户。

刚下飞机，他就对前来接他的客户抱怨说："我的天哪！我不敢想象你们是怎么在这个鬼地方生存的。这要命的天气，简直要把人给冻成冰棍儿了。"

他的客户是当地人，一听到这话，心里非常不满，但碍于面子，还是不得不很有礼貌地应声附和他，和他一起抱怨黑龙江的天气。

在去对方公司的路上，客户接了一个电话，好像是他老婆打来的。电话那边的人在发脾气，客户一直赔笑道歉。

客户挂掉电话后，蒋华山又调侃道："我来之前，有人告诉我东北人怕老婆，今日一见，果然不虚啊！哈哈！"

谈判开始后，尽管蒋华山口吐莲花，说自己公司的产品质量有多好，销量有多高，都丝毫没有引起客户的兴趣，结果只有铩羽而归。

事实上，蒋华山失败的根源就在于他不懂说话的技巧，没有一开口就打动对方。他跟客户说的第一句话，就埋下了失败的种子，因为他太以自我为中心，没有考虑对方的感受。如果他见到客户后说的第一句话变成："没想到这儿这么冷！真为你们黑龙江人强大的意志力感到敬佩！"就是另一个结果了。

良好的沟通能力是一个人成功必不可少的基本功，俗话说："酒逢知己千杯少，话不投机半句多。"在很多时候，说错一句话比办错一件事后果还要严重，而良好的沟通能力可以使我们迅速提升身价，做起事来会便利得多。

很多职场人士,在总结自己的成功经验时,往往会说"全靠自己能言善辩";而在归纳自己失败的教训时,总是恨恨然,"都怨自己这张破嘴"。可见,说话水平的高低,直接关系到人生的得失与成败。一个人要想在职场立住脚,让众人为自己喝彩,必须努力学好口才这门课程。

卡耐基曾经说过,一个成功的领导者,专业知识所起的作用仅仅占 15%,社交能力却占 85%。放眼世界,我们确实能够发现:一个成功的企业家、管理者无不和卓越的社交能力联系在一起。而高情商沟通则是社交的第一张入场券,它赋予我们平凡的生活以独特的含义,不仅能给我们的生活、工作提供丰富的养料,还能给我们创造精神上的愉悦享受,让我们的精神世界充满色彩,韵味无穷。

会沟通是提高效率的万能钥匙

"每天都有干不完的工作，恨不得一天的时间变成 25 小时；一个创意刚有了一点苗头，就被同事拉去干别的了；虽然制订了工作计划，可几乎从来没按时完成过；一天到晚头昏脑涨，无暇关注自己的健康……"相信很多人都会有这样的苦恼。

当你被工作压得喘不过气来、被生活压得直不起腰来时，你可曾想过，是什么打乱了你的工作节奏、降低了你的生活幸福指数？

如果你已经身心疲惫，但依旧焦头烂额，那么，可能不是你不够努力，而是你的效率不够高。在这个瞬息万变的时代，每个人做事都力求更快、更好、更强，都希望花最少的时间完成最多的工作。只有努力提高效率，才能从杂乱的泥潭中走出来，工作和生活也将会更上一层楼。

说话水平决定办事效率。高效的沟通是消除隔阂、达成共同愿景、提升凝聚力的桥梁和纽带。高效率的沟通能力，是检验情商的标准之一，更决定了你在工作、社交和生活中的品质和效益。

要想提高沟通效率，我们必须在表达观点前注意以下几点：

1. 双方确实是在就同一个话题展开论述；

2. 双方使用的表达方式都是相近的；

3. 双方表达时的节奏和速度都在同一线上；

4. 每一个新观点的提出，都建立在上一个观点被共同认可的前提下。

在竞争激烈的职场中，沟通能力的好坏体现了一个人情商的高低，更决定了一个人所能达到的职业生涯的高度。为了提高沟通的效率，你必须先弄懂对方的需求，从对方的角度出发，设身处地为对方着想，并通过询问、倾听、赞美、回馈等方式表达，这样才能减少沟通成本，提高工作效率，才能使你在工作、生活中如鱼得水，达到事半功倍的效果。

一个从乡下来的小伙子小段去城里最豪华的百货公司应聘销售员。

经理问他："你有做销售的经验吗？"

小段老实回答说："我以前只在村里挨家挨户推销过农

产品。"

"好吧！那我先给你一天的试用期，下班后我来检查你的业绩。"说完经理就走了。

这一天对小段来说太漫长了，他百无聊赖，但还是熬到了下班时间。

经理准时过来了，问他："你今天做了几单生意？"

"一单。"小段回答说。

经理轻蔑地嘲讽他："怎么只有一单？我们这儿最差劲的售货员一天都可以完三四十单生意。你卖了多少钱？"

小段说："30万美元。"

经理惊呆了："你是怎么做到的？"

小段开始讲起他是怎么做成这单生意的："一位衣着不凡的男士来到店里，我先卖给他一个小号的钓钩，接着是中号的钓钩，最后是大号的钓钩。然后，我向他推销了小号的鱼线，接着是中号的鱼线，最后是大号的鱼线。接下来我问他去什么地方钓鱼，他说去海边。于是我带他到卖船的柜台，推荐给他一条长20英尺、有两个发动机的大帆船。他担心自己的大众牌轿车无法拖动这么大的船。于是我又领他去汽车专卖区，向他推销了一辆丰田新款豪华型'巡洋舰'。"

经理不可置信地看着他："一个顾客只是来买个鱼钩，你就能卖给他这么多商品？"

"不是的。"小段说，"他是来给他夫人买卫生巾的。我就跟他说：'那你这个周末算是泡汤了，干吗不去钓鱼呢？'"

说话的结果，是为了形成一个双方或多方都认可的协议，只有形成了这个协议，才算完成了一次高效的沟通。如果没有达成协议，那说话也仅仅是磨嘴皮子而已。在我们的实际工作当中，不能有效沟通是造成工作效率低下的一个重要原因。

高效沟通是日常工作中最重要的一环，工作效率的高低，很大程度上取决于沟通质量的优劣。那么，如何真正做到高效沟通呢？

1.树立时间观念、效率意识

鲁迅先生曾经说过："生命是以时间为单位的，浪费别人的时间等于谋财害命，浪费自己的时间，等于慢性自杀。"对于任何人来说，时间都是宝贵的，任何浪费时间的行为都应该受到谴责。所以，我们要树立时间观念和效率意识，长话短说，提升语言的精练性，才能以更多的时间和精力投入到工作中去。

2.围绕主旨，突出重点

说话和写文章一样，只有抓住主旨，紧密围绕着主旨，才能把话说到点子上，才能减少啰唆拖沓的情况出现。所以，在说话之前，我们一定要认真思考自己的说话内容，明确中心思想，做到有的放矢。

3.理清思路,详略得当

想要做到高效沟通,很重要的一个前提是,说话者要成竹在胸,而不是思绪乱成一团,天南地北乱扯一气。想要做到说话简明扼要,除了要明确主题、突出重点外,还要理清思路,详略得当,省去多余的枝枝蔓蔓。

说对话才能做对事,无论是在商务谈判中,还是战略执行中,良好的沟通都是提高效率的根本保证。

高效的沟通,需要用最简单的语言表达出思想的重点。真正懂得高情商沟通的人,一定是那些言简意赅的人。有些人为了表现自己的口才,常常一打开话匣子就滔滔不绝,一句接着一句,一段接着一段,好似一条泛滥的河流,挡也挡不住,几分钟过去了往往还没有说到重点,这样冗长的语言表达不仅不利于凸显自己的优势,反而会使对方失去耐心。

职场高情商，升职加薪的金钥匙

初入职场，很多人都会感觉难以展开工作。造成这种局面的原因并不是工作难以招架，更多是因为与同事、上司沟通不畅。不管在哪种职场环境里，高效且得体地与上司、同事沟通都是一门举足轻重的学问，更是升职加薪的金钥匙。

在职场上，高情商沟通显得尤为重要，也许你的能力很强，办事牢靠，但往往不如一些"会说话"的人更容易升职加薪。空有一肚子学问却不善交际的人，是无法笑傲职场的。

世界管理学大师约翰·克特告诉我们，在一个企业内部，不同的部门之间具有"资源和利益"的"共享性和互补性"，这种特性导致各部门的员工之间会产生"相互的影响力和制衡力"。而同事之间的有效沟通，正是依赖这种"影响力和制衡力"，来调节同事之间的关系，达到既定的工作目标，并借此衡量员工的工作能力的。

张辉和杨彦差不多同时受聘于一家百货市场。一开始大家都在底层苦苦挣扎，可不久后张辉就受到总经理青睐，连升好几级，从班长直到部门经理。杨彦却像被人遗忘了一般，几年后还在原地踏步。

有一天，杨彦终于爆发了。他把辞呈重重摔到了总经理的案头，并痛骂总经理有眼无珠，不认识真正的人才，只会用一些溜须拍马之辈。

总经理静静地听完了杨彦的牢骚，他看着面前这个憨憨的小伙子，心想："这傻小子工作倒是挺卖力，也能吃苦，就是缺点什么。缺点什么呢？一时半会儿也说不清楚，即便说清楚了，他也不见得能服气。不如……"他忽然有了主意。

"杨彦先生，"总经理说，"你去蔬菜市场上看看，今天都卖些什么。"

杨彦很快就从蔬菜市场上回来了，他汇报说："刚才市场上只有一个农民拉了一车马铃薯在卖。"

"多大的一车？有多少袋？多少斤？"总经理问。

杨彦又跑了出去，回来后说有60袋，差不多500斤。

"一斤的批发价是多少？"总经理问。

杨彦气喘吁吁地跑回来，刚要汇报，总经理说："你先休息一会儿，看看张辉是怎么做的。"

然后他叫来了张辉,并对他说:"张辉先生,你去蔬菜市场上看看,今天都卖些什么。"

一会儿,张辉也从市场上回来了,他汇报道:"我去转了一圈,只有一个农民在卖马铃薯,有60袋,差不多500斤,卖相不错,价格也比较公道,我带来了几颗,您可以看看。这个农民还告诉我,他们家的西红柿也马上成熟,据我看,价格也挺公道,可以进些货。我不敢替您做决定,所以把那个农民也带来了,他现在正在外面等消息呢。"

总经理点了点头,若有所思地看了看杨彦,说:"请这位农民进来吧。"

这个故事为我们清晰地揭示了高情商沟通的本质。在职场内,人与人之间的沟通,包括上级与下属、同事与同事之间的沟通,都是以达成某一个既定目标为基础的。沟通是双方"发出意念与接受信息"的过程,通过相互之间的良性互动,争取达成原定的沟通成果。

然而,在日常工作中,由于人与人之间、部门与部门之间沟通不畅,往往会产生一些误解、矛盾,从而导致工作效率变低、内耗成本增大,甚至影响企业的寿命;对于个人而言,不畅的沟通则是成功路上的绊脚石,不仅达不到自己预想的效果,反而会让对方反感。

虽然会说话不是成功唯一的条件,但它是升职加薪的必要能力。任何一个职场精英,想要在职场中站得稳、吃得开,高情商沟通是其中必不可少的一项重要技能。

笑笑大专毕业后,前往深圳求职,经过一番不懈的努力,她和另外两个女孩被一家食品公司初步录用,试用期为一个月,如果在试用期表现突出,将被聘用。

在这一个月的时间内,笑笑和那两个女孩都兢兢业业,到了第 29 天时,公司按照他们三人的业务能力,给她们分别打分。结果,笑笑虽然也很卖力,但由于学历稍低的缘故,分数比另外两个女孩低两三分。人事处的经理让同事转告笑笑:"明天你是最后一天上班,后天便可以到财务部结账走人。"

回到办公室后,笑笑的心情很落寞,办公室里的同事们都劝笑笑说:"反正公司会给你发一个月的工资,明天你就不用来上班了。"笑笑认真地说道:"我今天的工作还有点没做完,等明天干完所有的活,再走也不迟。"

第二天,笑笑终于把所有的活都干完了,又有人劝她早点回家,可笑笑不慌不忙地把自己工作过的办公桌擦拭得干干净净,而且和同事一同下班,临分别时还挨个打招呼,祝对方好运。她感觉自己这一个月的工作很充实,并且站好了最后一班岗。

第三天,笑笑在财务室结完工资,刚要离开时,人事处的经理叫住了她,对她说:"你先不要走,从明天开始,你就到广告部去上班吧!"笑笑很诧异,询问经理缘故。经理说:"我昨天一直在暗中观察你,觉得你干活很踏实。再加上你们部门的人接二连三地在我面前说你的好话,我怎么可能会放你走呢?"

看见没有,笑笑正是凭借自己的高情商,使同事对她青睐有加,为自己的表现加分。我们常常说一个人"很会说话",即表示他能够熟练地驾驭语言,精准地表达自己的观点。"会说话"的人,不仅能以清晰、通俗的方式表达自己的见解,同时也能使语言的"接受者"轻松愉快地理解其所要表达的内容,并接受对方的意见。

在职场中,高情商沟通不仅是一门技术,更是对一个人知识水平、表达能力、价值观的发挥。其实沟通并不神秘,但最忌讳的是以"我"为主,不断地强调差异,采用别扭的方式给别人强输理念。这样,你就是再有能力,说得再天花乱坠,也无法赢得上司的好感。

优秀的人，从来不会输在表达上

德国著名的哲学家马丁·海德格尔曾经说过，人的存在形式之一是语言，语言是人类最后的家园。所谓一言可以兴邦，一言也可以丧邦，很多时候，决定我们事业成败的并不是你够不够聪明、能力有多强，而是你会不会说话、懂不懂沟通。

高智商决定好成绩，高情商决定好命运。在现代社会活动中，人与人之间、人与机器之间、人与大自然之间都需要沟通。即便在一个人独处的时候，我们也在跟自己沟通、跟周围的环境沟通。可以这样说，高情商沟通是通往成功彼岸的风帆，是一切事业成功的基础。

一个人适逢六十寿诞，请了自己的四个朋友来家吃饭庆祝。

三个人及时赶到了，只有一个人不知什么原因迟迟没来。

主人左等右等,着急之余不禁脱口而出:"急死人啦!该来的怎么还没来呢?"

其中一个朋友听闻此言很不高兴,对他说:"你说该来的没来,是不是我们是不该来的?既然如此不受欢迎,那我告辞了!"说完气呼呼地走了。

一个没来,一个又被气走了,主人急得又冒出一句:"真是的,不该走的却走了。"

此言一出,另一位朋友又不高兴了:"照你这么说,该走的是我们啦?好,我走!"说完,头也不回地走了。

主人脸上冷汗都下来了,两手一摊,不知所措。

剩下的这位朋友跟他交情比较深,就劝他说:"朋友都被你气走了,以后说话要注意一点,过过脑子。"

主人苦笑道:"他们全误会我了,我根本就没有说他们。"

最后这位朋友听了,再也按捺不住,脸色一沉:"什么!你没有说他们,那就是说我啦!莫名其妙,有什么了不起。"

说完,他拍案而起,铁青着脸走了。

这就是不会说话所酿的苦果。有时一言可以成事,有时一言亦可以败事。很多时候,决定成败的并不是你的业务能力有多么强,而是你会不会说话,懂不懂得高情商沟通。

美国的心理学家汤姆士曾经说过:"成名是说话能力的结晶。

说话能力强能使人显赫，鹤立鸡群；能言善辩者，往往受人尊敬、爱戴和拥护。它使一个人的才学充分扩展，熠熠生辉，事半功倍，业绩卓著。"他甚至认为："发生在成功人物身上的奇迹，一半是由口才创造的。"

说话，看似一项简单的活动，只要上嘴皮一碰下嘴皮，语言便形成了。但要把话说得有水平、有意思，使人听之如坐春风，却非常困难。有的人说起话来磕磕绊绊，啰里啰唆说半天，也没说出个所以然；有的人却出口成章，凭借出众的口才赢得敬仰，为自己的事业添砖加瓦。

一位年近花甲的独居老妇人应邀去参加一个别有特色的情人舞会。在舞会上，这位老妇人碰到了她年轻时候的两个情人。第一位情人见到那妇人时脱口而出："哟，我差点认不出你来了，真的变成一个老太婆了。"第二位却对她说："亲爱的，你今晚太漂亮了。人们都说岁月是美丽的杀手，可用在你身上显然不合适。要是你不介意的话，我多么希望和你共度余生。"

接下来，舞会开始了。

第二位情人热情地邀请老妇人下场跳舞，老妇人高兴地同意了。两人跳了一支又一支，直到舞会终场，老妇人礼貌地向两位情人道别，便离开了。3天以后，老妇人去世了，两位情人前来吊唁，并分别得到一封信和一个包裹。在给第一个情人的信里，老妇人说："我很感谢你的诚实,你说了真话,现在我送你一本日记,从这里面你可以看到一个女人真实的内心世界。"

在给第二个情人的信里,老妇人说："你那一番赞美,使我度过了人生中最难忘的一个夜晚,并让我带着这番赞美来到另一个世界。为此我将留给你我全部的财产,希望你继续用它赞美其他女人。"

无论在生活上、职场上,还是朋友与朋友之间、亲人与亲人之间,都离不开彼此的沟通。在人际交往中,什么话该说,什么话不该说,怎样说才能显得有礼貌,招人喜爱,这都是有很深的学问的。

高情商沟通是一门学问,更是一门艺术。纵观古今中外的历史,那些卓越的政治家、军事家、外交家,无一例外都是思维缜密、逻辑严谨、口齿伶俐的沟通大师。

从古至今,在国家受到强权侵犯,战争迫在眉睫的时候;在国家的尊严受到践踏,矛盾无法调节的时候;拳头不一定能解决问题,但舌头能化干戈为玉帛。这就是沟通的力量。

卡耐基曾经说过："与人沟通的学问,在所有的学问中应该是排在第一位的,沟通能够带来不可思议的力量,它是一个人成功路上的顺风船。"所以,说话的艺术是成功者必备的素质。

不同的个体是一个个独立的岛屿,想要把这些岛屿连接起来，就需要桥梁。良好的沟通就是连接这些岛屿的桥梁，什么材质的桥梁才是最好的呢?毫无疑问，合适的才是最好的。只要能达到"通"的效果，就能实现"沟"的跨越。

第二章
敢说，高情商者的必备技能

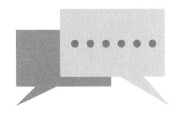

克服说话时的胆怯心理

一位知名的口才大师应邀来到一所学府参加一场大型演讲,演讲的题目是:如何有效克服公共演讲的恐惧。

离开场还有几分钟,这位口才大师在厕所碰到了一位漂亮的小姐。小姐笑着问他:"大师,请问您现在是不是很紧张?"口才大师急忙摇头:"怎么可能?我可是有十几年经验的演讲专家了。"

这位小姐似笑非笑地说:"那您怎么会跑到女厕所来了?"

在我们周围,常常听到这样的抱怨:在与陌生人或者异性交往时,常常面红耳赤、词不达意;路上偶遇老师或长辈时,宁愿远远避开;在公共场合发言时,总会手足无措;在向上司汇报工作时,经常张口结舌、局促不安。

马克·吐温曾经说过,世界上只有两种发言者,一种是承认自己紧张的,另一种是不承认自己紧张的。胆怯作为一种心理现象,在每个人身上都不同程度地存在。有一位心理学家曾经在一千个人中间做过一个实验,题目是:你最害怕的事情是什么。令人惊讶的是,有超过一半的人最害怕的事情是在众目睽睽之下讲话,而对死亡的恐惧则位列第二。

胆怯本是一种很正常的心理,但如果不加疏导,长此以往,就会变成恐惧,遇事第一个想到的就是退缩,这是低情商的标志之一。那么,应当如何克服这种卑怯心理呢?

1. 树立信心,坦然面对

当你坚信自己能做成某件事时,你往往都能成功。很多人之所以怯场,都是由于缺乏自信心或太顾及别人的看法。其实,你完全不必自己给自己添加压力,坦然面对,扬长避短,肯定自己,你就会发现,只要信心充足,你也会体验到成功的甜蜜。

有一位初出茅庐的女歌手,第一次登台时非常紧张。看着台下数千名观众,她手心直冒冷汗,心想:"要是在台上太过紧张,忘词了该怎么办?"越想,她就越胆怯,甚至萌生了打退堂鼓的念头。

就在进退两难之际,一位前辈笑着走上前来,给她手里塞了一个纸卷,悄悄地对她说:"这是这首歌的歌词,如果你在台上忘了词,就打开看看。"她紧紧攥着这张字条,像握着一根救命的稻草，心里顿时有了底气。结果，她的首场秀发挥很好，演唱结束后台下掌声雷动。

在后台，她激动地向那位前辈致谢。前辈却笑着告诉她："是你自己战胜了自己，其实，我给你的只是一张白纸，上面根本什么都没有！"惊异之余，她打开手心里的纸卷，果然上面空空如也。

前辈语重心长地说："你手里握住的，不是一张白纸，而是你的自信啊！"

说话时吞吞吐吐、惴惴不安，大多是因为自信心不足造成的。对自己缺少十足的把握，就会心烦意乱，心烦意乱又会造成谈吐上的障碍。所以，树立自信心是克服胆怯心理的第一要义。而想要在说话时克服胆怯心理，最简单、最有效的办法就是去做平常不敢做的事，反复多做几次，胆怯就会慢慢远离我们。

2. 准备充分，胸有成竹

一位伟大的演说家曾经说过，充足的准备可以消除 80% 的怯场感。对于大多数人来说，胆怯心理来源于对未知的恐惧。你准备得越充分，这种恐惧的威胁就会越小。所以，说话胆怯的人不仅要对自己的说话水平和说话效果充满自信，更要在讲话前做好充足的准备。"我的这个故事非常生动有趣，听众一定会喜欢""我已经准备得非常充分了，不会出现突发状况"……每次在讲话前如此暗示自己，并做好充足的准备，就能避免因潜意识否定自己或准备不充分而引起的惊慌失措。

3.做深呼吸,消除杂念

适度的深呼吸有助于缓解紧张、恐惧、憋闷的情绪。所以,当你在台上大脑一片空白、紧张无措时,不妨放松全身,深深地吸一口气,再慢慢地呼出,同时目光转移到远方的事物,反复做几十次,你就会发现你的紧张情绪有很大程度上的缓解。

4.反复练习,完善语言

俗话说:"台上一分钟,台下十年功。"想要获得良好的口才,平日里要多说勤练。熟能生巧,演练的次数越多,你对语言的把控能力就越强,讲起话来也就越得心应手。

洛根从小就是一个性格很孤僻的孩子,他每天独来独往,身边很少有朋友。老师告诉洛根的父母,说他在学校很孤单,上课从来不会主动回答问题,更不跟同学们交流,成绩一直平平。

洛根的父母听到这个情况后,十分担心,心想这孩子到底是怎么了?于是,他们把洛根送到医院去检查,检查的结果是洛根没有任何疾病。父母束手无策,更加忧心,这可怎么办啊?

洛根不但身边没有朋友,更经常在学校受到同学们的欺负。同学们给他起了个外号,叫他"哑巴"。每次当同学们喊起这个外号时,洛根都会跳起来,冲同学们怒吼:"你才是哑巴呢!"同学们听了就会哄笑起来,说:"原来你不是哑巴啊!"洛根很憋屈,可也无可奈何。他不敢动手，一旦动起手来，同学们就会一哄而上，非把他打得求饶不可。

父母看到越来越孤僻的洛根，非常为他担心，长此以往下去，洛根只怕会走向极端。有一天晚上，父亲对洛根说："孩子，我知道，其实你心里有很多话，可就是不敢大声地表达出来，不如这样吧，你回你的屋子，把门关上，把你想说的话对着墙壁说，没有人会听到你说什么！"洛根真的进了自己的屋子关上门，然后对着墙壁说了起来。

洛根好不容易从嘴里挤出了第一句话，接着就越说越多，几十句，几百句，把他的许多心里话都说了出来。从此之后的每天晚上，洛根都会关上房门，在自己的屋子里对着墙壁说上几十句话。洛根越说越顺畅，越说越有精神，越说越觉得自己永远有说不完的话。因为说了许多心里话，洛根心情变得非常好，人也放松了很多。

父亲发现洛根变了，变得比以前更有精神，也更快乐，便对他说："你既然跟一堵墙壁都有说不完的话，那么面对我们这些活生生的人，你应该有更多的话要说。以后，你要多多跟我们交流。"洛根听了点了点头。

从此之后，洛根每天放学后都会跟父母说上很多话，滔滔不绝地谈起他在学校里的经历。洛根从父母那儿得到了不少经验，还跟父母增进了感情，他发现原来说话不是那么困难，甚至还能产生快乐。

于是,洛根也开始尝试着跟班里的同学们说话了。洛根的话匣子一打开,就跟同学聊得非常投缘。同学们都暗暗吃惊,他们没想到洛根有这么多话,还能说得这么头头是道,大家都不再叫他"哑巴",纷纷跟他交朋友。后来,只要洛根一说话,同学们都会纷纷围上来。洛根从中得到了不少乐趣,每天他的脸上都洋溢着灿烂的笑容。

渐渐地,洛根成了全班乃至全学校最受欢迎的人,只要班里或者学校有啥活动,洛根都会成为小主持人。只要有洛根在台上,气氛就能被迅速调动起来,台下的听众也感觉非常愉悦。

几十年后,曾经不善言辞的洛根已经成为英国一家电视台的节目主持了。不光如此,他还有另外两个身份:谈判专家和演讲家。在一些大型晚会上,人们经常看到他的身影。他主持的节目,在当地的收视率总是排名第一。洛根成为英国最受欢迎的主持人。

有一天,洛根接受另一家电视台的采访,主持人问他:"您是如何从一个'哑巴'变成一个'话匣子'的,这里面有什么秘诀没有?"洛根笑着回忆起了父亲让他对着墙壁说话的故事,他说:"以前我之所以是一个'哑巴',是因为我非常孤僻、害羞。自从我对着墙壁说话后,我渐渐找到了自信,于是才敢于跟人交流,敢于倾吐自己的心声。其实,最好的口才就是自信。只要你敢于表达,你就能说出你的精彩！"

从这个故事中我们可以看出，良好的语言能力并不是天生的，而可以通过后天的培养慢慢提升。只要我们每次在讲话前做好充足的准备，时刻提醒自己要对自己充满信心，并在日常生活中反复练习，就能慢慢克服怯场心理，从而获得职业优势。

别让口头禅泄露你的秘密

"梧桐一叶而天下知秋"。一个人嘴里随便说出来的一句话,往往代表了他的思维方式和个人成就。一般来说,口头禅不仅是一种言语习惯,更是潜意识思维定式的流露。

很多人在讲话的时候,往往不经意带出很多诸如"随便""我晕""郁闷"之类的口头禅,结果把严肃的话题聊成了调侃,把有效的互动变成了啰唆的自言自语,这样的谈话效果肯定好不了。

清朝末年,江苏有位巡抚叫王雪超,此人贪赃枉法但身居高位。下属向王雪超请示的事情颇多,让他不胜其烦。

有一天,知县朱得胜求见王雪超。朱得胜是王雪超一手提拔起来的,他的女儿朱芳长得貌美如花,现在已到了婚配年纪,所以朱得胜想让王雪超帮忙介绍一个好婆家。

"大人，您交友广泛，请问您有合适的人选吗？"朱得胜问王雪超。

王雪超心中有自己的小九九，但又羞于启齿，只得含糊其词："你说呢？"

朱得胜听得一头雾水，只好试探性地问："大人肯定有了，但不知是谁？"

王雪超说："你说呢？"

朱得胜恍然大悟，说："哦，卑职明白了，不会是大人您自己吧？"

王雪超心头狂喜，但又磨不开脸面，只得说："你说呢？"

朱得胜说："小女能得到大人的垂青，那是我们全家的福气啊！"

后来，王雪超如愿纳了朱得胜的女儿为小妾，心中喜不自胜。事后他一琢磨，自己就说了"你说呢"这三个字，就把事情给办了，这也太容易了。以后每当有人向他求教，他都是这三个字，对方在这三个字中揣摩着他的心意，往往也能够把事情解决了。

光绪年间，欧洲列强在中华大地胡作非为。那一年，外国传教士在江苏欺压百姓，义和团便冲击当地的教堂，杀死了这些传教士。当地的县令蒋伯年束手无策，只好向王雪超请教如何处置，王雪超对此也无可奈何，便沉着脸道："你说呢？"蒋伯年听他话语比较严厉,就说:"卑职明白该怎么做了!"

回去后,蒋伯年马上率领一队人马前往剿灭义和团。几天后,败报传来,蒋伯年率领的清军和义和团头领于化伦率领的一万多团民短兵相接,最后全军覆没,蒋伯年也被杀身亡。

这一仗彻底打醒了清政府,连老佛爷慈禧都坐不住了,她下旨让王雪超紧急进京汇报并协商对策。王雪超接旨后,快马加鞭来到京城。慈禧看到他后忧心如焚,深深地叹了一口气,说:"如今内忧外患,现在义和团又杀死县令,你说此事该如何解决啊?"

这时,王雪超不知哪根筋不对了,他又想起了那句经典的口头禅,脱口道:"你说呢?"

慈禧恼羞成怒,她万万没想到王雪超竟然如此目无尊卑,以下犯上,于是下令要将王雪超处死。王雪超被行刑,理由是处事不当,致义和团猖獗泛滥成灾。

很快,王雪超被杀的真正原因就传了开来,街头巷尾纷纷议论。很多人并不是为王雪超惋惜,他在任上贪赃枉法,早已惹得天怒人怨。但人们万万没想到,王雪超最终却是因为一句无关紧要的"口头禅"掉了脑袋。

口头禅是人们在生活中长期形成的一种执念,是人们将各种信息通过自己的喜好加工后的一种习惯性语言反应。当类似的情形再次出现时,它便脱口而出。

口头禅偶尔说一两次无伤大雅，但如果出现的次数太频繁，会让自己的谈话显得冗长啰唆，特别是脏话类口头禅，既不利于沟通，也是低情商的体现。

美国前总统奥巴马在每次演讲时，总要先说个"请恕我直言"；《纽约时报》的记者在采访肯尼迪的女儿时，发现对方曾一连说了142个"你知道"。虽然人们的身份和职业都不尽相同，但口头禅就像黏在人嘴边的膏药，甩也甩不掉。

可怕的是，负面的口头禅带有很强的心理暗示，不仅会影响自己的语言环境，还会令自己的形象大打折扣，从而影响我们的社交。

那么，该如何改掉这些令人反感的口头禅呢？

1. 丰富自己的词汇

口头禅大多是一些肤浅、低俗、毫无意义的词汇，如果我们能在日常工作生活中不断拓宽自己的眼界，多读书，丰富自己的词汇，那么讲起话来就会妙语连珠，毫不卡顿，口头禅自然也就消失了。

2. 学会自我克制

说话前尽量做到深思熟虑，在心里组织好语言，不该说的话别说，多余的废话少说，让每一个词汇都对号入座。长期坚持下去，就能有效避免口头禅。

3.尽量使用规范用语

很多时候,口头禅都是方言、脏话一类的词汇。如果我们从现在开始改说普通话,尽量使用规范用语,那么就等于在嘴巴上设置了一个"关卡",口头禅自然也就过滤掉了。

4.坚持才是硬道理

心理学家发现,二十一天以上的重复就会形成一个习惯。你与成功之间,差的仅仅是坚持而已。所以,你需要把这种有意识克制口头禅的状态坚持二十一天以上,并时时检讨自己,二十一天以后,你就会惊喜地发现,自己的语言变流利了,口头禅变少了。

一句简单的口头禅,不仅能反映一个人的脾气秉性、职业素养和生活遭遇,还能影响听话者对他的态度。很多人缺乏人际交往的常识和技巧,一张嘴就是"郁闷""有病"等负面的口头禅。也许你会打着"性格直爽"的幌子隐藏你在人际交往的缺陷,但这样对你在人际关系中百害而无一利。

南宋学者王楙在《野客丛书》中说:"平生不学口头禅,脚踏实地性虚天。"想成为一个高情商沟通者,就应该对自己的口头禅有所重视。如果你发现自己的口头禅会让对方听起来不舒服,就应每天有意识地减少说的次数,最终将它们从你的语言系统中驱逐出去。

通过演讲锻炼说话的能力

什么是紧张？心理学家告诉我们，过多地在乎别人对自己的评价，是造成紧张的重要原因。而说话时的胆怯、紧张，则很大程度是由中国传统文化造成的。从小，我们就受到"枪打出头鸟""言多必失""韬光养晦"的熏陶，导致我们在日常的工作、生活中总是谨小慎微，不愿意发言，长久下来，无形中给自己增添了很多压力，自卑情结也越来越重。

其实，任何人都会在公众面前产生紧张的心理，即使是那些经验丰富的演说家也不例外。美国著名的演讲家詹宁斯，他回忆自己第一次演讲时，双腿颤抖得几乎无法站立；美国幽默大师马克·吐温说他第一次登上演讲台时，感觉像塞了满嘴棉花。

从根本上来讲，要消除紧张情绪，需要建立自信心。战胜胆怯、紧张的心理，是高情商沟通的重要使命。

下面是美国俄克拉何马州的参议员汤姆士自曝的演讲经历，看看他是怎么一步步摆脱胆怯，走向成功的：

汤姆士从小身体就不好，非常瘦弱。小时候，跟朋友们玩棒球、赛跑等游戏时，常常是输的一方。大家看他瘦瘦高高的，就为他取了一个绰号——"尖头"。

为此，他感到非常苦恼，又因为自尊心非常强烈，就开始讨厌见所有人。那时候他几乎每天被痛苦和恐惧折磨，觉得自己是天生的失败者。幸运的是，当过老师的母亲发现了这一苗头，就对他说："你的体质是天生的，它会跟你一辈子，所以，你得用自己的头脑武装自己！"

后来，他开始四处求职，然后进入师范学校工作。给自己准备了一套崭新的西服，参加每年在印第安纳州举行的演讲比赛。他的人生也是从这里发生转折的。

一开始，要他在众人面前演讲，是想都不敢想的事。因为那时的他在陌生人面前连一句话都不敢说，更何况是面对上千名观众呢？但是，他的母亲对他信任有加，于是，他决定以"美国的学术发展"为题，报名参加比赛。

说实话，那时候他连"学术"是什么都不知道，但他仔细一想，观众也未必很了解啊！所以，他就七拼八凑成了一篇演讲稿，并且拿着演讲稿到森林里去，对着各种动物练习。

为了让母亲高兴，他狠下了心，练了一遍又一遍。

但令他吃惊的是，在这次演讲大赛中，自己竟然得了第一名。当考官宣布成绩时，他整个人都呆住了。直到现场响起了热烈的掌声，他才回过神来。

比赛结束后，他收到了来自各方的鼓励和赞赏。很多地方的新闻都以他的演讲为头版："艾诺马·汤姆士将来的前途不可限量！"

这一次的演讲，将他的信心增强了100倍。

以上的故事表明，只有自信心才能让你战胜胆怯、紧张。很多人不敢在公众场合讲话，并不是自己口才不佳，而是他们心里给自己限定了一个"高度"，这个高度常常暗示自己："这是不可能的，这是无法企及的。""心理高度"是很多人无法取得成功的重要原因之一。事实上，一个人的思维决定了他的高度、决定了他的成就。思想有多大，才能就有多大，成就就有多大。

2011年，一部电影《国王的演讲》风靡全球，讲述的正是英国国王乔治六世克服口吃障碍，在第二次世界大战前发表鼓舞人心的演讲的故事。

乔治六世从小就性格内向，而且患有严重的口吃。有一次，国王乔治五世要求他在伦敦温布利的大英帝国展览会上致闭幕词。结果，广播里只传来乔治六世结结巴巴的声音："我……我宣布……我承诺……"二十秒的时间居然说不清楚一个词。

乔治六世继位后的第三年，第二次世界大战爆发，面对德国法西斯的疯狂进攻，英国面临着前所未有的困难。英国人迫切需要一个能让他们在危机关头感到安慰的精神领袖，带领他们渡过难关。

后来，乔治六世在妻子的引荐下，结识了莱昂纳尔·罗格医生，在他的帮助下，乔治六世开始训练自己的口才。经过日复一日的不懈努力，乔治六世终于战胜了口吃。

1939年9月3日，德国占领波兰，英国被迫向德国宣战。在演播室里，乔治六世终于下定决心要发表全国演讲。

"在这个重要的历史时刻，我向每个家庭传达我们的想法……我们被迫卷入这场灾难，但我们必须保护自己的家园，如果你愿意，请你竭尽所能，我们必须顽强地面对敌人……"全国的人都听到了国王的声音，"我们必须抵抗这些道德沦丧的刽子手，抗争到底。"国王越说越流利，"任务很艰巨，我们面临着很大的挑战……我们只能做我们认为正义的事，并向上帝发出我们的呐喊。只要大家坚定信念，在上帝的帮助之下，我们就一定会取得胜利！"

国王成功了，他的演讲鼓舞了很多人，他成为英国人顽强不屈的象征。即使是在最危险的时候——白金汉宫都饱受炸弹的威胁，国王依然和家人留守伦敦。"国王还在我们身边呢！"这句话成了英国市民的一个指路明灯。

所谓怯场，其实是自己用虚拟的心理感受来吓唬自己。很多人在登台之前，往往都会手足无措。可当来到舞台上，心无旁骛地投入表演当中时，往往又会挥洒自如，毫不沉滞。所以，摆脱怯场的最佳方法之一，就是在公共场合大胆地发言。不要怕丢面子，也不要怕被人看笑话。长此以往，你就会慢慢告别自卑、告别怯场。

勇敢地去做，克服恐惧

在大型会议上，面对着数百名观众发言，你会感到口干舌燥吗？比起现实中面对面的谈话方式，你是不是更热衷于网络社交？在这个问题上，其实你并不孤单，因为全世界90%以上的人都患有"社交恐惧症"。

什么是社交恐惧？美国西维吉尼亚大学的麦克·罗斯基教授给了一个准确的定义："社交恐惧即指一个人在与他人或群体沟通时，所产生的害怕和焦虑。"

在我们每个人的内心深处，都藏着一个名叫"恐惧症"的巫婆，它会时不时地蹦出来，趁你不注意时偷袭你。社交恐惧会给一个人的工作生活带来巨大的阻力，会对一个人的身心健康、亲友关系、社交网络等造成不同程度的影响。

为什么会产生社交恐惧？究其原因，主要有以下几点。

1. 自我贬低。这种心态的出现，源于对自己的认识不足，看不到自己的闪光点。很多人见到陌生人的时候往往会将自己跟对方比较，因而产生自卑心理。

2. 人格特性。有些人天生不爱说话、孤僻，长此以往，慢慢地将自己封闭起来，不愿意和人交流，更严重则变成见人就害怕。

3. 太在乎别人的评价。太顾及别人对自己的评价，是产生社交恐惧的重要原因。这主要是因为自尊心太强、太注重外界的影响，害怕别人对自己提意见、害怕被别人拒绝、害怕在人多的场合丢面子，或者对自己的某些方面，比如外表，没信心。

有位推销员因为常被客户拒绝，竟逐渐患上了"敲门恐惧症"。他去请教一位心理学专家，专家弄清他的恐惧原因后，笑着对他说："现在你想象自己就站在客户的门口，然后我问你几个问题。"

推销员说："好的，您请问吧！"

专家问："请问，你现在在哪儿？"

推销员说："我正站在客户家门口。"

专家问："那么，你接下来想去哪儿呢？"

推销员答："我想敲开门进入客户家中。"

专家问："当你踏进对方的家门后，仔细想一下，最糟糕的情况会是怎样的？"

推销员答："最糟糕的情况无非是被客户赶出来。"

专家问："被客户赶出来后，你又会站在哪里呢？"

推销员答："当然还是站在客户家的门口啊！"

专家说："不错，那不就是你现在所站的地方吗？最糟糕的结果，不过是回到原点，又有什么好害怕的呢？"

推销员听了专家的话，惊讶地发现，原来敲门根本没有他所想象的那么可怕。从此以后，他去拜访客户时，就再也不害怕了。他告诉自己："再尝试一次，说不定就能获得成功，即使被拒绝，也无关紧要，最糟糕的结果无非就是回到原点，有什么可怕的。"这位推销员终于战胜了"恐惧魔鬼"。

罗夫·华多·爱默生曾经说过："去做你所恐惧的事，恐惧自然就会消失。"恐惧就像弹簧一样，你强它就弱，你弱它就强，你越害怕它，躲避它，它就越黏着你，只有你无视它，挑战它，才会一步步战胜它。

在这个繁纷复杂的社会中，我们的人脉越广，朋友越多，路就会越宽。所以，主动地与他人打交道是我们必备的生存手段，也是我们走向成功的必经之路。高情商的人能够正确地认识自己，更懂得正视对沟通的恐惧和焦虑，想方设法将它消灭在萌芽中。

王杰是一家新媒体公司的总经理。他刚入职这家公司的时候，从事的是广告业务员的工作。那时候，他的经理是一位十分能干的人。有一天，经理找到王杰，并对他说："你非常能干，但我相信你的潜力还没完全发挥出来。有一件事我希望你能同意，以后将对你的薪酬进行调整，我的意见是，以后你的底薪就没有了，只按广告费抽取提成，当然抽取的比例要比以前高出30%。"显然，这给王杰带来了非常大的压力，当时王杰才刚从学校毕业，衣食皆无着落。但王杰知道经理这样做自然有他的道理，何况这也是给自己一个历练的机会。于是，王杰答应了。

王杰马上开始了新一轮的工作，他列出了一份客户的名单，准备挨家挨户去拜访那些非常难缠但十分重要的客户，这些客户都是其他的业务员避之不及的，而且他给自己定下了最后期限——两个月。

第一天，王杰凭借自己的努力和智慧与10个非常难缠的客户中的两个谈成了交易；在接下来的几天内，他又成交了两笔交易；到了月底，10个客户中只有一个还油盐不进。

同事们都劝王杰，这已经是最好的结果了，至于剩下那个"难缠的老顽固"，已经没必要再在他身上浪费精力了，但王杰并不这么看。第二个月，王杰一边发掘新客户，一边毫不气馁地说服那位老人。每天一大早，那位老人的商店一开门，王杰就进去和他谈业务，而那位老人总是无理地拒绝："不！"

第二个月马上就要结束了，这一天王杰又来到了老人的商店。这位老人的口气明显没有前几次那么生硬了。他问道："你已经在我身上浪费了两个月的时间，我现在很好奇，你为什么要这样做？"

王杰笑着说："我并没有浪费自己的时间，跟你谈话本身就是一种收获。即使你不跟我合作，我也在你这儿锻炼了自己克服困难的意志。"

那位老人终于笑了，他点点头说："年轻人，你很聪明，也是我见过最踏实肯干的人。我相信，能录用你这样的员工的公司一定是一家优秀的公司，我决定跟你们合作。"

美国的一项心理研究发现：当人们觉得依靠自己的能力无法完成一件事的时候，恐惧感就会应运而生。但是，假如你勇敢地去做，你就会发现，很多情况下这种恐惧感其实是毫无依据的。所以，当你遇上让自己害怕的事情时，只要勇敢地去尝试，就会发现事情远没有你想象的那么可怕。

在城乡接合部，一户人家的菜园里有一颗大石头，宽度大概有40厘米，高度有10厘米。每个经过菜园的人，都会不小心踢到那颗大石头，不是摔倒就是擦伤。

儿子问："爸爸，咱们菜园里那颗石头太讨厌了，为什么不把它挖走？"

爸爸回答道："你说那颗石头？从我记事开始，它就一直放到现在了，它埋在下面的部分很大，露出来的只是冰山一角，挖起来不知道要挖到猴年马月呢，与其费那个工夫，不如走路小心一点。"

几十年过去了，当时的儿子当了爸爸，而且还当了公公，那颗大石头也一直留了下来。

有一天，儿媳妇气愤地说："爸爸，菜园那颗大石头太碍眼了，咱们把它搬走吧！"公公劝道："还是算了吧！那颗石头太大了，如果能搬走的话我小时候就搬走了，怎么会让它留到现在啊？"

儿媳妇听了心里五味交集，那颗大石头不知道绊倒她多少次了。

有一天早上，儿媳妇带了铁锹和一桶水来到菜园里，将水浇在大石头的四周。

一刻钟后，儿媳妇开始用铁锹挖开石头周围的泥土。

儿媳妇做了充足的心理准备，可能要挖很久吧。没想到几分钟后就轻松地把它挖了出来。原来，埋藏在土里的部分远远没有想象的那么大，大家都是被它巨大的外表吓得望而却步了。

真正怕鬼的人，可能一辈子也没见过鬼，害怕的原因是自己吓唬自己。其实，这个世界上没有什么事能让人真正地感到害怕，害怕只不过是每个人心中的一块石头罢了。只要你勇敢地去正视它、克服它,就能挖走心中的"顽石",就会重新走出一条光明的坦途来。

敢开口，一切皆有可能

有两家卖粥的早餐店。左边的店和右边的店每天的客户相差无几，都是人声鼎沸、川流不息。然而，晚上结算的时候，左边店总是比右边店多出一百多块钱，天天如此。

于是，细心的人慢慢发现，先进右边的早餐店时，服务员微笑着迎上去，先端上一碗粥，问道："要不要鸡蛋？"顾客说要，于是服务员就给顾客加了一个鸡蛋。每进来一个顾客，服务员都要问一句："要不要鸡蛋？"有说要的，也有说不要的，各自占的比例差不多。

而走进左边的早餐店，服务员也是微笑着迎上来，先端上一碗粥，问道："要一个鸡蛋还是两个鸡蛋？"顾客笑着说："要一个。"再进来一个顾客，服务员又问道："要一个鸡蛋还是两个鸡蛋？"喜欢吃鸡蛋的说要两个，不喜欢吃的就说要一个，也有直接拒绝的，但是很少。一天下来，左边的早餐店就总比右边的早餐店卖出很多个鸡蛋。

这个故事告诉我们，只要敢开口、会开口，你就一定能获得更多的机会。在日常生活、工作中，我们往往有两大敌人：一个是看得见的敌人——自己的竞争对手；一个是看不见的敌人——自己。很多时候，我们之所以不敢开口，大部分原因是害怕被拒绝。但是，被拒绝是常有的事，你能因这种"常有"的事而选择一辈子不开口吗？

杨杰毕业于一所著名的大学，获得了会计学士、企管硕士学位。毕业之后，在一家大型汽车公司出任会计。日复一日的机械性劳动让杨杰感到无比厌烦。后来，他毅然决然地辞职了。于是，他又开始了求职生涯。这次，他下决心一定要找到一份适合自己的工作。

在没找到工作之前，杨杰的生活过得凄惨不已，他甚至连最便宜的面包都买不起，在朋友的建议下，每天煮一大锅绿豆汤，一日三餐靠这个充饥。"当时，他喝绿豆汤喝得脸都发绿了，再往后，看到绿豆汤都作呕……"

杨杰应征了上百家公司，终于有一家股票投资公司愿意接纳他。26岁的杨杰觉得，自己总算找到了喜爱的工作。

来到新单位的第一天，经理就让他联系客户，限定他每天必须打 500 个电话。他每天早晨 6 点上班，6 点半开始打第一个电话。一开始，杨杰脸皮薄，非常害怕被拒绝，打通电话后连第一句开场白都不知如何说。后来，为了解决生活的困苦，他慢慢地进入了状态。

杨杰在办公桌上放了一个鱼缸，打完一个电话就往里面投一枚硬币。每天打到第 499 个电话的时候，他都要看一下表，心中暗想："不知道现在几点了？啊！半夜两点多了。"杨杰希望对方是个"夜型人"，会听到他的电话。

每次打完 500 个电话后，通常都到凌晨两三点了。当他回到自己的住所时，发现嘴角在流血。

他的努力没有白费，客户源源不断地来了。可是，客户一多起来，他就更忙了。他推荐给客户的股票涨不上去，这让他很丢面子。有时候，他告诉客户明天大盘指数会大涨，结果大盘指数大跌。

这时候，杨杰觉得自己应该再做点啥，用自己的专业水平给客户最准确的信息和判断。

尽管他打完 500 个电话，已经快累瘫了，真想倒头就睡。可是，他告诉自己，不能睡觉，还有很多事等着他呢。他跪在自己几平方米的公寓里，一遍又一遍地画股票 K 线图，分析各种股票的涨势，以便随时接受客户的询问。

那个时候，股票走势图都是一笔一笔画出来的。画这些图形的时候，不能放在地毯上画，因为铅笔会捅破纸张，他就跪在卫生间的地下画图。

因为地面太潮湿了，长时间跪在地下工作，没几年，他的膝盖得了严重的风湿病，一到阴天就疼得要命，这个病魔折磨了他的后半生。

刻苦的努力换来了骄人的成绩。26岁时，他才是个证券界的小学生，33岁他已经成证券公司的副总裁了。

很多人问杨杰："我已经很努力了，可为什么一直没有加薪？"杨杰会说："是吗？可是，你并没有讲话讲到嘴巴流血呀。"

每一个行为的背后，都有一定的成因。如果一个人在第一次开口向别人求助或是推销某产品时，被对方拒绝了；他毫不气馁，再次向别人开口，也同样被拒绝了；等到第三次时，他的内心已变得非常脆弱，也不愿意再相信别人了。

如何改变这一心态呢？我们需要给自己设定一个美好的前景，相信只要坚持到底就一定能达成目标。正如销售大师马丁·塞利格曼所说的："销售人员早已对一次又一次地被拒绝习惯了，他们把这当作非常平常的事情。如果他们没有这种心态，他们就无法成为顶级的销售人员，这便是游戏规则。"

一句话，保持自信，勇敢地开口去说，成功就在你的嘴边。

第三章
高情商的人,总是赢在表达上

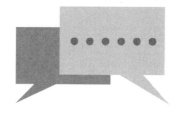

首因效应:好的开场白是成功的一半

在工作生活中,我们常常会遇到一些突发状况,让我们手足无措:公司忽然召开临时会议,要求每个人发表自己的看法;在大型聚会中,同事朋友起哄,让你上场"讲两句";在街上同女友闲逛时,忽然碰见了前女友;约好了客户上门谈生意,进门后发现客户两口子在吵架……

在这些情况下,一些人确实会存在"开场白障碍"。如果你不能快速地反应过来,化"尴尬"为玉帛,那你将会失去先机,让别人对你失去兴趣。即使后面的交流也能进行下去,也会让人感觉索然无味。

所以,开场白的好坏,很大程度上影响着一个人在社交场合中的受欢迎程度。一段精彩的开场白,不仅可以凸显自己的修养和才能，而且还能为后面的良好沟通奠定坚实的基础；一段糟糕的开场白，则会让自己陷入尴尬无比的境地。

对于很多人而言，跟陌生人初次聊天时都会患上"开口尴尬症"，想半天愣是不知道怎样开场，而且还会聊着聊着聊到死角。事后，很多人往往又会后悔不迭："我今天怎么能说那样的话呢？""我要是换个方式，结果可能会好点儿。"然而，这个世界上没有卖后悔药的，我们只好暗下决心，下次一定要把握好说话方式。可越是谨慎，我们就越害怕跟陌生人交谈。

那么，怎样才能通过短短几句开场白就能吸引对方的注意力呢？有以下几种常用的技巧。

1. 利用媒介物，引起对方的共鸣

比如，你看见对方桌上放着一份报纸，便可以从这份报纸上的新闻入手："听说最近房价又上涨了？"或者，你看到对方打了个新领带或拎了个新包，你可以借此询问这件商品的价格、产地、使用效果等。

王朗这人一向老实木讷，按经理的话说，"三棍子打不出个闷屁"。所以尽管他工作一向兢兢业业，却从未引起过别人的关注，几十年了，还在原来的岗位上原地踏步。

一次，老板带着王朗去外地出差。在火车上，王朗的铺位刚好在老板的对面，两人将行李安置好后，互相点了点头，就陷入了可怕的沉默。王朗感到，这种大眼瞪小眼的气氛简直能把人憋疯，一定得说点什么，才能打破这种可怕的僵局。可是，一向沉闷的他从来没有单独跟领导相处过，实在不知道从何谈起。

突然，王朗看见老板脚上穿着一双锃亮的皮鞋，非常炫目，于是就问："老板，您这双鞋子看着非常有档次，在哪里买的？"

原本只是找点话头，但老板一听，顿时双眼神采飞扬："这双鞋啊，那是我在美国旧金山买的，世界名牌呢！"话匣子一打开，老板就收不住了，开始滔滔不绝地讲述自己"云游"四方的经历以及在衣服搭配上的心得，还委婉地指出了王朗在着装上的缺陷，两人越谈越投机，甚至差点儿坐过了站。

下车的时候，老板意味深长地说："王朗啊，我以前没怎么注意过你，没想到你还有点意思，今后你好好干。"

2. 攀亲认友，拉近距离

赤壁之战前，鲁肃渡江来找诸葛亮，一见面，鲁肃就说："我，子瑜友也。"子瑜就是诸葛瑾，是诸葛亮的哥哥，也是鲁肃的好朋友。短短的一句话，就瞬间拉近了两人的距离。

其实，再怎么"风牛马不相及"的两个人，只要你存心寻找，就一定能找到这样或那样的"亲""友"关系。例如，"你是上海交大毕业的？我也在上海交大进修过两年啊！""你的老家是河北廊坊的？我老家是北京大兴的，离得不远啊！真可谓'老乡见老乡'啦！"

3.考虑对方的利益

没有人不会对金钱不感兴趣，也没有人会拒绝送上门的好处。假如你的产品能够给对方带来利益或者增加利润，你可以这样说："我今天来，是告诉贵公司节省50%电费的方法。""使用我这个产品，贵公司可以每月提高1000元的利润或者节省1000元的开支。"

在这种情况下，对方肯定会给你机会介绍你的产品。而当你介绍完自己的产品后，如果能达到对方的预期，他自然就会做出购买决定。

4.唤起对方的好奇心

心理学家认为，人性是永远不会满足的。好奇心是人类行为的基本动机之一，对那些不熟悉或感觉神秘的事物，人们往往会投入更多的精力去研究。如果你能够唤起对方的好奇心，那么你的工作就成功了一半。

唤起好奇心的方法多种多样，一般情况下，"您可能不知道吧""您猜猜看"之类的话就能成功吸引对方的注意力。同时，他们还会想："这人到底想要表达什么呢？"这就是人类好奇的天性。

蒋伟是一名空调推销员，他推销产品的"怪点子"非常多，被同事称为"花招先生"。他拜访客户时，会把一个2分钟的计时器放在对方面前，然后说："请您给我2分钟，2分钟一过，如果您还没有兴趣,我就马上离开。"

同时,蒋伟还会利用身边的一切事物来吸引对方的兴趣,让对方有耐心听他说话。一次,他问一位客户:"尊敬的先生,您知道这个世界上最华而不实的东西是什么吗?"那位客户歪着头想了半天,最终摇了摇头。"就是您银行卡里的钱。它们本来可以用来购买空调,让您度过一个惬意的夏天。"蒋伟笑着说。

其实,不管在任何情况下,人们总是最容易记住对方说的前几句话。越到后面,人们的注意力就会越分散。如果你在一开始就没有成功地吸引对方的注意力,那么到后面不管你怎么舌灿莲花,都是徒劳。

高情商的人善于掌握谈话的技术,在与人沟通的过程中,一段充满创意的开场白不仅能给你的人望加分,还能为以后的良好沟通打下坚实的基础。所以,在与难缠或者重要的客户交流时,我们一定要精心设计好开场白,千万不要因为苍白无力或驴唇不对马嘴的开场白而毁了这次交谈。

把握好语调和节奏

所谓语调和节奏，就是人在说话的时候语气和声调的变化结合。有些人说话慢慢吞吞，使人听之昏昏欲睡；有些人说话干脆利落，如竹筒倒豆子一般；有些人说话高亢铿锵，催人奋发；有些人说话抑扬顿挫，犹如连绵起伏的群山，时高时低，引人入胜……所以，同样的内容，用不同的节奏和语调说出来，就会有大相径庭的效果。

哈佛大学的一项研究证明，一段演讲能否取得成功，内容的重要性只占30%，演讲者的动作、神态占20%，衣着打扮占10%，而演讲者的语调和节奏所占的比例则高达40%！

"四书""五经"之一的《礼记》中有这样一段话："节奏，谓或作或止。作则奏之，止则节之。"其中还谈道："言语之美，穆穆皇皇。

穆穆者,教以和;皇皇者,正而美。"很多人在说话的时候,根本不注意语调和节奏,不管在什么场合,说话时都跟小学生读课文一样,速度相同,语调一致,听来让人昏昏欲睡。

而深谙高情商沟通之道的人,不仅会刻意地塑造自己的声音,使人听起来如坐春风,而且还会加强语调和节奏,撩拨人的心弦,引起人的共鸣。

人在情绪低下的时候,说话自然平淡无味,使人听来如嚼干蜡;当人情绪高涨的时候,说起话来则亢奋激昂,极其富有感染力。

如果把一段话比作一首曲子,那么语调和节奏就是这首曲子的韵律。如果你想做一个说话有特色的人,那么你一定要注意自己说话时的语调和节奏,快慢相间、起伏不一,让人听之如山间流水,这样你才能让自己的语言充满吸引力。

某外资企业空降了一位波兰籍副总,此人不仅长得风度翩翩,而且说起话来悦耳动听,如同美妙的音符。

在一次公司聚会上,同事们请求他用波兰语"讲两句"。他毫不推辞地站起身来,开始绘声绘色地演讲。

这位波兰人一开口就牢牢地吸引住了台下的观众,他的演讲非常流畅,语调抑扬顿挫,虽然人们都不了解其意义,但听众仍听得如痴如醉。

演讲过程中，他的语调时而高昂时而低沉，最后在哀思如潮、悲怆万分之时结束，台下的观众鸦雀无声，同他一样沉浸在悲伤之中。

突然，一阵不切时宜的爆笑声从人群中传了出来，人们纷纷侧目，发现对方也是一名波兰籍员工。原来，那位波兰人刚刚用波兰语背诵的是九九乘法表。

英国著名的政治家、演说家丘吉尔说：口头表达艺术主要有四大要素，而其中占第一位的就是口语的节奏。丘吉尔之所以认为说话的节奏如此重要，是因为他切实体会到和懂得口语节奏具有十分强烈、深刻和丰富的表现力。

如果你也想在别人面前保持精明干练的形象，那你一定要注意控制自己语言的节奏和语调。为了达到这一点，你可以采用以下方式来提高自己的语言技巧。

1.把自己的声音录下来

拿破仑曾经说过，"我是我自己最大的敌人"，而这个敌人常常是会说谎的。想正确地了解自己的声音，你就需要把自己的声音录下来。只有反复地聆听，反复地校正，你才能逐渐改变自己的语调和节奏。

2.明确你的中心思想

在讲话之前，你先要搞清楚这次讲话有多少个主题，哪些主题是重要的,哪些主题是次要的。对于重要的主题,你需要添加一定的修饰词,突出重点;而对于那些次要主题,你一定要保证语言的精练,千万不能"眉毛胡子一把抓",让听者一头雾水,不知道你的中心思想在哪里。

3. 分清场合很重要

语言的节奏和语调并不是一成不变的,而应该根据不同的场合,设计不同的语言风格。比如,去参加某人的婚宴,你需要提高声调、加快节奏,用欢快的语言感染周围人的情绪;如果你参加的是葬礼,则应该小心谨慎、轻声细语,万万不能因口不择言而破坏凝重的气氛。

语言学家温尔顿和汤姆逊曾经合著了一本书——《演说根本》。在这本书里,有一段关于说话节奏的重要性的论述:"演讲最重要的,是控制好语调和节奏。在叙说幸福、紧张或者冒险的故事时,讲到高潮之处就必须加快说话的速度才能达到预期效果。当然,主题严肃、感情压抑,或者充满悬念气氛的部分,还是应该慢慢地叙述。"

俗话说:"咬字千斤重,听者自动容。"说话的节奏和语调不同,给听众的感觉也不同。在每次讲话前,你都需要问自己:"我此时置身何地?""我这次发言想表达什么思想?""如果我这样说,将会产生什么样的后果?"明确了说话的目的,才能设计好语言的节奏和声调,把自己的情感完整地表达出来。

摆事实讲数据，说服他人的利器

　　贾磊是一家大型食醋生产企业的送货员，老板告诉他，只要在送货过程中能拉来新客户或者增加销量，他将获得一笔不菲的提成。有一次，贾磊在给一家超市送完货后，在超市里转了一圈，然后跟超市老板搭话。

　　贾磊："老板，您家的瓶装醋卖得很快啊！下次我给您多送两箱吧。另外，我们的袋装醋也卖得非常火爆，我看您的货架上没有我们公司的袋装醋，要不我下次也给您送几箱试着卖吧。"

　　老板："你们公司的瓶装醋确实好，下次就多送几箱吧。至于袋装醋，我没见过，不知道好不好，就暂时不进了。"

　　贾磊："我们的袋装醋确实非常火爆，好多超市都从我们那里进货。"

老板:"是吗? 那本市有多少家超市从你们公司进袋装醋? 你们每个月袋装醋的销量是多少?"

贾磊:"这个……我还没统计过,不过我们的袋装醋确实卖得非常好。"

老板:"行啦,下次再说吧! 我还忙着呢。"

贾磊之所以在超市老板那里碰了钉子,就是因为他没有做好基本功。如果他能肯定地告诉对方本公司每月生产袋装醋的数量是多少、销售额是多少、利润是多少、有多少家超市是他们的客户,并列举一两个超市的名字,相信结果就截然相反了。

英国某大学的一项研究发现,有"数字力"的人,其薪酬是一般人的三倍;而没有"数字力"的人,失业率则是一般人的两倍。

那么,何为"数字力"呢? 所谓"数字力",就是用数据分辨事实、判断问题的能力。数字力不仅能让你看清问题背后的真相,还能将抽象的概念具象化,增强语言的可信度。

张扬去一家五百强企业应聘,经过重重选拔,终于过关斩将,进入最后的一关——面试。

销售总监问他:"如果我给你一个月3万元的业绩目标,你能不能完成?"

张扬并没直接回答能还是不能,而是分析道:"3万元的业绩相当于 3 个 1 万元的订单、6 个 5000 元的订单、30 个 1000 元的订单。也就是说，只要我将这 3 种不同的订单随机组合，不放过任何一个阶位的客户，并能够达到 3 万元的下限，最后就有可能实现业绩目标。"

这个回答让对方连连点头，张扬最后成功地说服了对方，拿到了这份工作。

张扬的聪明之处，在于用数据说话，将 3 万元的大目标分解成若干个小目标，让看似庞大的数据分解，有了实现的可能性，从而获得了对方的赏识。每一个行业都会有自己的数据，但很少有人在与人沟通时把这些数据变得有意义。俗话说："事实胜于雄辩。"相对于苍白的语言，数据有它独特的魅力，它能使你的话更权威、更专业、更精准，还能给人最基本的信任感。

有一天，厨房用品推销员万荣华碰到了一个油盐不进的老爷子。一见面，那个老爷子就直接告诉万荣华，即使他的产品再好他也不会买。

万荣华不甘心，第二天又专门去拜访了这位老爷子。当他见到这位老爷子时，便从身上掏出 1 元钱，当着这位老爷子的面撕了，撕完之后问这位老爷子是否心疼。

老爷子说："虽然你把 1 元钱白白地撕掉了，但你撕的是你的钱,我怎么心疼呢?"接着,万荣华又掏出一张 20 元的钞票撕了,撕完之后问:"你还心疼吗?"老人说:"我不心疼,那是你的钱,如果你愿意你就撕吧!"

万荣华笑着说:"我撕的不是我的钱,而是你的钱呀。"老爷子摸不着头脑,问道:"你撕的怎么是我的钱呢?"

这时,万荣华从身上掏出一个本子,在上面边写边说道:"昨天你跟我说,你们家每天要做三顿饭,如果用我们公司的产品,每一天你可以节约 1 元钱,是不是?"老人说:"是的! 但那有什么关系呢?"

万荣华继续说:"我们算一笔账,我们不说一天节约 1 元钱,就按每天 5 毛钱来计算。一年有 365 天,我们就按 360 天计算。你昨天说你已经结婚 23 年了,就按 20 年计算吧。这就是说在过去的 20 年里你没有用我的厨具,这样你就白白浪费了 3600 元钱,难道你还想在未来的 20 年里再撕掉 3600 元钱吗?"

这一串数据让老爷子大吃一惊,他毫不犹豫地买下了万荣华推销的厨具。

数据本不会说话,但是面对不同的人时,就会发出不同的声音。"口说无凭",要想让自己的语言变得有重量,就必须扎扎实实地做好基本功,用数据和事实说话。

如果你是一名销售员,在面对客户时,不妨这样跟对方说:

"截至今年年底，我们已经卖出去了900件产品。""我们的产品在某某网站的好评度是99%。""我们已经对全国超过1000名的使用者进行了连续一个月的跟踪调查，没有出现任何的质量问题。"……

对任何行业的人而言，脱离了数据和事实的交谈都不会打动对方。只有在交谈时充分运用数据和事实，并结合对方熟悉的事物来剖析利弊的时候，交谈才会变得更加真实、具体，更具有说服力，才能够一击必中。

表达要言简意赅，有的放矢

我们常常说一个人口才好、会说话，并不是指他在所有人面前都能侃侃而谈、口吐莲花，而是说他的每句话都能产生一定的效力。

中国有句古话："言多必失。"意思是说如果一个人说话不着边际、废话连篇，一开口就如同大河决堤、滔滔不绝，就会暴露出自己的很多问题。所以，在开口之前，我们应该事先将发言的重点整理出来，把多余的、没用的"话作料"都扔掉，言简意赅、简明扼要地表达出自己的观点。

南京有一家大型的管理咨询公司，负责给各种企业提供咨询服务。有一次，该公司为一家重要的大客户做咨询。项目负责人非常看重这个客户，带领团队加班加点工作，几个月来准备了厚达几百页的报告，包括8个建议、41个改进方法以及几套详细的实施方案，为了证明这些结论的可操作性，还准备了6本数据分析和调研报告的附件，还有大量的原始资料。

为了做到万无一失，该项目负责人还将报告打印成书面文件，并刻录了光盘以便分发给参会人员，提案的前一天晚上还再次检查了一遍，确保所有数据完整无误，然后提早睡觉以便保证精力。

客户也非常重视这次合作，安排了公司所有高管出席，并请到了CEO以及董事会的主要成员参加。

提案当天，项目负责人准备就绪，到达会议室。没想到刚一落座，客户突然遇到紧急情况，不得不马上离开。

就在对方的CEO走进电梯的那一刻，他忽然叫住了该公司的项目负责人："你能不能在我到停车场的这段时间里，把报告的主要内容阐述一下？"

项目负责人完全愣住了，他没有任何准备，即使有准备，也无法在电梯从15层到1层的时间内把结果说清楚。最终，该公司失去了这一重要客户。

语言是传递信息和交流思想的工具，最会讲话的人，不一定是那些说长话、套话的人。真正高情商的人，往往都懂得简明扼要、言简意赅。言简,强调语言表达要简短,要求说话要简练,不说多余的话,体现的是量的压缩。意赅,强调语言内涵要丰富,要求在最短的时间内表达出最多的信息,体现的是质的提升。与人沟通时,删繁就简才能切中要害。

当然,说话简明扼要并不是一概从简,在一些重要的场合或者重大的会议中,我们需要尽可能地把重要的事情讲清楚。而在日常的生活工作中,则应尽量简明扼要地表达。

说短话,体现的是说话者的情商,尊重的是对方的时间;说短话,并不是一味地为简而简,而是言之有物、言之有序,看上去寥寥几句,却抓住了重点,切中了要害。而对于听众来说,你越是滔滔不绝、东拉西扯,就会越让对方昏昏欲睡、不知所云。

西方有一句谚语颇有哲理:"别让杂草掩盖了鲜花。"莎士比亚也说过类似的话:"简练的语言是智慧的灵魂,烦琐的语言则是肤浅的装饰品。"通常情况下,你说得越多,别人记住的就会越少。反之,你说得越少,别人记住的可能就会越多。

张译文在北京打拼了八年,眼看青春日渐耗尽,自己却无容身之处。在朋友的劝说下,他毅然决然逃离了北京,回到老家漳县。

好在自己近年来节衣缩食省吃俭用,手头有了点积蓄,便想着在县城里买套房子。在朋友的陪同下,张译文走进了一家售楼中心。

接待他的是一位年轻漂亮的女士，一上来就热情地端茶倒水。张译文下午还约了个面试，便想着问问新房什么时候开盘，价格是多少，以便回家后好好计算一番。

"您好先生！您是要问新房什么时候开盘是吗？因为盖一栋楼的话，我们首先要立项，接下来要申请建设用地规划许可证，有了许可证再出设计图，然后再申请建设工程规划许可证，再审核建设工程消防施工图、招标，然后才开工建设，建筑完工后还要取得规划验收合格证……现在我们的售楼部才刚刚竣工，其他手续还没有办全，不过我们正在马不停蹄地办，但是……"那个销售员如竹筒倒豆子一般啰啰唆唆讲了一大堆。

"我就想知道什么时候开盘，价格是多少！"张译文有些急了。

"是这样的，先生，我们的价格比周围其他楼盘只低不高，您放心好啦！同时，您如果在开盘当天就交首付的话，我们还能给您一平方米减免 50~100 元，还有……"

这位销售员还在那里絮絮叨叨地讲，张译文早就拂袖而去了。

清代学者刘大櫆在《论文偶记》中说："文贵简。凡文笔老则简，辞切则简，理当则简，味淡则简，意真则简，气蕴则简，品贵则简。"这就是说，写作一定要抓住根本，要直达主题、提纲挈领、化繁为简。其实聊天也是一样,话是讲给别人听的,听众不喜欢听,那你就是白讲。

"兵在精而不在多",我们在开口之前,应该将讲话的重点整理出来,坚决不说套话、废话,用最精练的语言表达最丰富的观点。

第一,加强思维训练。说起话来絮絮叨叨,主要是由于思维缺乏条理性、缜密性的原因。思维不清晰,没有形成一个完整的大局观,当然也就难以用简明的言辞表达自己的观点了。

第二,抓住要点,突出重心。说话最怕的就是"下笔千言、离题万里"。它也和写文章一样,应该明确中心思想,"形散而神不散",一条主线贯穿整个讲话的始终。

第三,言之有序。要想把话说到点子上,就要在说话前理清思路和线索,先说什么,后说什么,什么为主,什么为次,前后内容如何衔接,在说话前要有通盘的考虑,做到条理分明,次序井然。我们交流的目的是让人听明白、听清楚,如果你语无伦次、左一句右一句,句句不在点子上,再聪明的人也是"脑袋一盆糨糊"。

第四,尽量使用简短的句子。要做到说话简洁明了,就要尽量多用短句,避免唠唠叨叨和不必要的重复。简短的句子更容易让对方听懂,使对方能够在第一时间抓住你想表达的思想,从而让沟通可以顺利地进行。所以,我们在与人沟通时,不妨把长句子分割成若干个短句子来阐述,做到"言约而旨丰"。

　　我国有句老话："蛤蟆从早叫到天黑，却从来不会引起人的注意；公鸡早上只啼鸣一声，人们就起身干活了。"的确如此，会说话的人，话贵在精，多说无益。所以，我们在说话时一定要做到用语不繁、表述清晰、字字珠玑，使听者沉醉其中。

第四章
运用心理学,成功说服他人

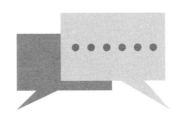

无准备，不说服

　　在人际交往中，我们经常遇到各种需要说服别人的情况：说服客户购买我们的产品、说服领导采纳我们的建议、说服朋友去自己喜欢的餐厅、说服家人按自己的喜好装修房子……可以这样说，人生，就是一场说服的角力。

　　那么，怎样才能成为一名高情商的"说服家"呢？

　　俗话说："凡事预则立，不预则废。"一个人在说话之前如果没有准备，就像面临一场考试而没有复习一样，将会变得很被动，结果也将对自己很不利。准备是成功的前提、过程，成功是准备的目标、结果。做好充分的说服前的准备工作，可以在说服过程中更多地掌握主动。

1.了解对方的情况

了解对方的性格、家庭背景、爱好、生活经历等,以便在说服的过程中把话说到对方心坎里去。古语云:"人上一百,形形色色。"每个人的思维方式和生活圈子都不尽相同,所以面对什么样的人就该选择什么样的话题。比如,你面对一个腿脚不便的人大谈高尔夫,对方肯定会拂袖而去。所以,在交流的过程中要关注对方所感兴趣的话题,而不是你所感兴趣的话题。

2. 设计沟通主线,明确说服顺序

有效的说服方式,是在谈话之前设计一条沟通主线。这条线就像火车的轨道一样,不能盲目地横冲直撞,而应该设计好里程碑和节点,然后层层推进,直到顺利地抵达终点站。

3. 选择恰当的沟通方式

沟通方式多种多样,通常有口头、书面、电子邮件、电话、视频等。在说服过程中,我们要根据具体的情况而采取不同的方式。比如一些重要事件,口头说不清楚的,最好用书面;企业未来的规划、项目介绍,书面无法直观地表达的,可以用视频;等等。

4. 选择合适的时间和地点

一般情况下,我们应该避免对方心情不好和极度繁忙时去找上门,也不要在自己琐事缠身时去谈生意。同时,每个人都有自己熟悉的环境,在这个环境里面,他们往往愿意放开自己,挥洒自如。反之,如果到了一个陌生的环境里,很多人都会紧张、无措。所以，谈判的地点最好放在双方都熟悉的环境或场地里进行。

徐芬是一个内蒙古姑娘，从她身上可以明显地感受到北方人的热情和坦率。徐芬做事向来直来直去，有什么说什么，总是喜欢把自己的想法说出来供大家参考。正是因为这个特点，她在学校里很受欢迎。

毕业的那一年，徐芬信心满满，她认为，经过四年的学习，自己不但掌握了扎实的专业知识，而且具备了较强的人际沟通能力，因此她对自己的未来充满了期许。为了实现自己的梦想，她只身南下去深圳求职。

经过两三个月的筛选，徐芬终于选定了一家食品公司。之所以选择这家公司，不仅是因为该公司发展潜力强劲，更重要的原因是该公司的人力资源管理工作还处于初始阶段，如果徐芬加入，她会是人力资源部的"元老"，有很大的施展空间。

但是到公司实习半个月后，徐芬就陷入了迷茫之中。

这家公司是一个典型的家族企业，很多关键的职位都由老板的亲戚担任。而徐芬的上级，则是老板的大儿子，一个游手好闲的花花公子。此人不仅不懂人力资源管理理念，更缺乏最起码的管理能力。在他看来，公司只要在赚钱，就等于是在良性发展。

徐芬可不这样认为，她觉得自己的才能还没有完全发挥出来。因此，在思索良久后，徐芬走进了老板的办公室。

"董事长，我来咱们公司已经半个月了，有些想法想要跟您谈谈，可以吗？"徐芬说。

老板显得很热情："好啊！早就想和你谈谈了，就是最近太忙，没顾得上。"

"我个人认为，一个处于上升阶段的企业，必须要在管理上下足功夫。我来公司已经半个月了，据我对公司的了解，我认为公司目前存在的问题是职责界定不清；员工的自主权力太小，致使员工对工作缺乏积极性；员工薪酬没有一个统一的标准，各种激励措施都有待改善。"徐芬按照自己心里的想法开始逐条向老板叙述。

老板微微思考了一下说："你说的这些情况我们公司也确实存在，但是你忽略了一个事实——我们公司一直在赢利，这就说明公司目前的制度也有一定的合理性。"

"可是，领导更应该把眼光放得长远一点，许多家族企业都是在管理上栽了跟头。"

"确实如此，那你有具体方案吗？"

"这个……暂时还没有，我只是提出自己的想法而已。如果经得了您的同意，我会很快将方案拿出来。"

"那你先回去写方案吧！我会仔细考虑你这个意见的。另外，不要耽误了自己的本职工作。"老板说完就埋头工作了。

当徐芬从老板办公室出来时，她的脸上难掩失落的表情。她似乎意识到，自己第一次提建议的结局已经注定失败了。

说服是一门技术，更是一门艺术，是一个人智商、情商的综合体现。孙子云："知己知彼，百战不殆。"在说服的过程中，我们不仅要对自身的情况做全面的分析，还要设法全面了解对方的情况。通过"知己""知彼"阶段的信息收集整理，为说服提供充分的、准确的信息依据，为说服的成功奠定基础。

准备是说服的前提。只有做好了万全的准备，你才能够游刃有余地完成说服工作；相反，如果你"临时抱佛脚"，那肯定会留下许多漏洞和隐患，失败也就不可避免了。"笨鸟先飞早入林""早起的鸟儿有虫吃"，哪怕我们不是"笨鸟"，也要记得"先飞"，也要"早起"，这样才能未雨绸缪，才能得到机遇的垂青。

谨记平等交流原则

一次，英国女王维多利亚与丈夫因一件琐事吵了起来，丈夫一气之下回到卧室，闭门不出。

半夜，女王有些犯困，于是敲了敲卧室的门。

丈夫在里边问："谁？"

维多利亚余怒未消："女王。"

没想到里边静悄悄的，一声应答都没有。她只好再次敲门。

里边又问："谁？"

"维多利亚。"女王回答。

里边还是没有丝毫动静。女王只得再次敲门。

里边再问："谁？"

这次女王学聪明了，柔声回答："你的妻子。"

这一次，门开了。

在这个故事中，反映了说服必须要遵循的两个原则：一个是平等原则，另一个是协商原则。在说服过程中，只要有一方不遵从这两个原则，说服就无法进行。

美国加利福尼亚州立大学的教授们曾提出过一个"沟通的位差效应"。他们在对若干企业的内部沟通进行研究后发现，来自管理层的信息只有四分之一左右被下属知道并正确理解，而真正执行的不到十分之一。与此相反的是，平等交流的效率则会达到90%以上。由此，他们得出了这样一个结论：平等交流是企业有效沟通的保证。

平等是一切社交的基础，失去了平等这一前提，任何沟通方式都不能产生良好的效果。所以，高情商的人在与他人交流的时候，懂得打破沟通双方之间的等级壁垒，尽可能地实现平等的交流。

某天，王璐瑜请了自己的几位朋友来家里做客。其中有一位北京记者、一对西安夫妇、一位日本朋友，还有一位上海女士。落座之后，在王璐瑜的介绍下，大家基本上都了解了对方的姓名和工作性质。

不一会儿，晚餐开始了。在餐桌上，这位上海女士又开始一个个地问及客人们的情况:"对不起,我刚才没有听太清楚,请问你是做什么工作的?"无奈之下,在座的其他人又一次重新介绍自己。

在客人们介绍自己情况的过程中,这位上海女士动不动地在别人还未讲完话时就插话:"噢!这让我想起了……"然后喋喋不休地道出一段无聊的故事。为了显示礼貌,客人们耐心地听她无穷无尽的乏味故事。

王璐瑜为了让大家不尴尬,促成平和局面,便找一个借口打断这位上海女士的无聊谈话。王璐瑜问他的记者朋友:"文杰,听说你目前正在组织一个慈善活动,为很多非洲贫困的儿童捐款。现在怎么样了?""噢,那些贫困的可怜的非洲儿童,这些小孩生活在不可想象的条件下……"上海女士未等文杰回答,她自己又接上了话题。

"来,请您尝一尝这个菜,"王璐瑜又礼貌地找借口,他截住了上海女士可能会无休止进行下去的话题,"村上先生,你太太在东京还好吧?""她快生孩子了。"日本朋友说道。

"我的天!生孩子的时候一定要小心,当年我生孩子的时候,发生了难产……"上海女士又一次接过了话题。这一次,她飞快地讲着,再也没有留给王璐瑜可以插话的机会。客人们一边吃着美味的晚餐,一边无可奈何地听着血淋淋的难产故事。

很快,西安夫妇和日本朋友找借口帮助去收拾餐桌,躲进了厨房不再出来，最后只留下可怜的北京记者在分享她难产的故事。

聚会结束后，王璐瑜说："我真的很抱歉，今天晚上的谈话，我没有控制好。"西安夫妇说："一个让人难以忘却的女人。"从此，这个上海女士再没有出现在王璐瑜的家庭聚会中。

在我们的身边，有很多像这位上海女士这样乐于表现自己的人。他们总喜欢在别人面前夸夸其谈，并试图在聊天中"碾轧"对方，以为这样，就能显示自己的博学多才。殊不知，这种做法只会适得其反，让别人增加对你的厌恶感。

成熟的麦穗，永远是弯着腰的。成熟的个人，永远是懂得尊重他人的。平等交流的核心，可以总结为四句话：摸清别人的情绪，尊重别人的情绪，摸清自己的情绪，控制自己的情绪。懂得如何尊重别人，真正地把对方的话听进去，然后在良好的互动中提出自己的见解，才能达到说服的效果。

刘海靠卖海产发了家，在镇上盖起了一套三层的楼房。房子封顶了，刘海请几个好朋友在家里吃饭。正在推杯换盏之际，来了一位不速之客，他是来推销铝合金门窗的。

那位销售员一见到刘海，就双手捧上了自己的名片，向他推销铝合金门窗。刘海听后说："虽然我以前没见过你，但你刚才的一番言论的确打动了我，我觉得你们公司的产品很适合我，你们的安装经验也很丰富……只是，在你来之前，我们厂里一名下岗钳工已经找过我了，说他下岗了，门窗安装的事情就交给他吧……"

刘海的话还没说完，那位销售员便插嘴说："你说的是那个'破烂王'吧？就他那点小手艺，怎么能跟我们正规公司比呢？"

此言一出，刘海的脸就由晴转阴了，他冷冷地说："不错，他的技术是不如你们，也没有你们那么完善的设备，但他已经下岗待业了，从零开始做，一步步完善。出于老朋友之间的交情，我也不能不给他做！"

那位销售员只好闷闷地走了。刘海回过头来对朋友们说："这个销售员太不像话了，我的话本来是想提醒他，做这行的人很多，不光他一个找到我了，希望他能把价钱降一下，没想到他如此看不起别人。哼！我宁愿再多花点钱，也不会跟这种眼高于顶的人合作。"

这个故事给我们的启示是，只有尊重别人的人，才能赢得别人的尊重。傲慢无礼、爱摆架子的人，一定得不到对方的认同，也会失去对方的信任。一个良好的沟通，应该建立在彼此尊重的基础上，用和颜悦色的提问代替命令式的质问，气氛友好而和谐，说服才能成功。

当然,需要承认的是,在现实生活中,人与人之间的地位是不可能完全平等的。那么,在无法保证绝对平等的情况下,该如何避免"沟通位差效应"呢?

为达到沟通的顺畅、说服的成功,我们需要在思想上放下架子,在内心深处实现平等交流,尽量将双方放置于同一水平面,使双方在思想、价值观、哲学观等方面达到一致,才能有效地避免"沟通位差效应"。

以情动人，运用情感力量

俗话说："动人心者莫过于情。"在很多时候，金钱并不能解决所有的事情，而真情恰好可以弥补它的短板。所谓"爱出者爱返，福往者福来"，说服工作在很大程度上可以说是情感的较量，高情商的人懂得运用情感的力量，以情动人。

梁启超先生说："天下最神圣的莫过于情感。用理解来引导人，顶多能叫人知道那件事应该做，那件事怎样做法，却是与被引导的人到底去做不去做，没有什么关系。有时所知的越发多，所做的倒越发少。用情感来激发人，好像磁力吸铁一般。有多大分量的磁，便引多大分量的铁，丝毫容不得躲闪。所以情感这样东西，可以说是一种催眠术，是人类一切动作的原动力。

"情感的性质是本能的，但它的力量，能引人到超本能的境界;情感的性质是现在的,但它的力量,能引人到超现在的境界。我们想入到生命之奥，把我的思想行为和我的生命迸合为一,把我的生命和宇宙和众生迸合为一，除却通过情感这一个关门,别无他路。所以情感是宇宙间的一种大秘密。"

汪强大学毕业后就职于一家房地产公司,高学历的他自认平日工作勤勉,领导交代下来的工作一直毫不打折扣地完成。可在公司待了两年了,工资却迟迟不见上涨。思前想后,汪强决定采取有说服性的话语,向总经理请求加薪。

这一日,汪强看到总经理闲来无事,而且刚签了一个大单心情很好,便瞅中这一时机来到了总经理的办公室。简单地寒暄了两句后,汪强就提出了加薪的要求,并说明了理由:

"我来咱们公司已经两年多了,虽然不是陪您一起打天下的老员工,但我对公司的感情不比别人差,您的知遇之恩我也一直铭记在心。我自认为对待工作认真勤勉,从来没出什么差错。前几个月咱们签的两个大单,我也尽了自己的绵薄之力。实不相瞒,因为我和女朋友的年龄都大了,双方的家长都在催婚。一想到这个事儿,我就头疼。我是很愿意结婚的,可是经济实在捉襟见肘,所以希望总经理能给我提高工资。我知道公司正处于发展期,财政也不宽裕,但是增加工资之后,我没有了这些后顾之忧,就更加能一心扑在工作上,为公司创造更大的价值了。"

这番说辞情真意切,毫不作伪,一向吝啬的总经理痛快地给汪强加了工资。

在这个案例中,汪强先是"表忠心",表达了自己对领导的知遇之恩的感激,并暗示自己视企业如"家"。然后,话锋一转,点明了自己对公司的贡献,让领导意识到他的重要性,觉得为他涨工资是理所当然的。接下来,汪强又暗施"压力",用结婚经济紧张来刺激老板,表示自己正被这件事折磨,一定程度上影响了工作的积极性。最后,汪强又表明加薪是"双赢"的选择,自己会更加努力地工作,公司也将创造更大的效益。

这一番简简单单的话,很有技巧性,又不失真情流露。不仅让对方听着舒服,而且引起了对方心理的共鸣。高情商的人往往懂得"情"与"理"双管齐下。

美国《读者文摘》1988年第一期中有一个《第六枚戒指》的故事:

美国经济大萧条时期,从乡下来城里打工的姑娘艾伦好不容易才找到一份工作,在一家高级珠宝店当售货员。平安夜那晚,店里来了一位30岁左右的男子。他穿着很整齐干净,但一脸愁容,一看就是事业或感情上刚刚遭受了重大的打击。

这时候珠宝店内只有艾伦一个人,其他几个职员出去吃饭了。艾伦向他打招呼时，男子嘴角抽搐了一下，目光从艾伦的脸上慌忙闪开。

忽然，电话铃响了。艾伦去接电话，慌乱间，不小心将摆在柜台的盘子碰翻了，盘中的 6 枚金戒指全部掉在了地上。艾伦马上俯身去捡。可是她只捡回了 5 枚，第 6 枚却怎么也找不到了。当她抬起头时，看到那位男士正向门口走去，刹那间，她明白了第 6 枚戒指在哪里。

当男子正要推开珠宝店的门时，艾伦柔声叫道："对不起，先生。"

那男子转过身来，静静地看着她，足足看了半天。

"什么事？"男子问，脸上的肌肉很僵硬。

"到底什么事？"男子再次问道。

艾伦沉住了气，微笑着说："先生，我是乡下来的，这是我的第一份工作，现在找份工作真不容易啊，您说是不是？"

"是啊！我深有同感。"男子说，"但是我能肯定，你在这里会干得很好。"

过了一会儿，男子走上前来，伸出手说："我可以为你祝福吗？"

艾伦立刻迎了上去，两只手紧紧地握在一起，她真诚地祝福对方："谢谢您！也祝您好运！"

男子转过身，慢慢走向门口。

当男子的身影消失在街角后,艾伦转身走向柜台,把手中的第6枚戒指放回盘子里。

艾伦之所以能够成功地要回男子偷走的那枚戒指,是因为她用真诚的语言打动了对方的心,让同情的种子在对方的心中萌发。"先生,我是乡下来的,这是我的第一份工作,现在找份工作真不容易",这句简单朴实的话,里面饱含着对工作的无限留恋,对方又不是穷凶极恶之徒,听了之后,怎么会没有丝毫感触呢?

真诚的言语之所以能够挑拨人的心弦,是因为它来自人的内心,是人真情实感的表达。所以,当我们遇到比较强大的对手时,不妨使用这种争取同情、以柔克刚的技巧,让对方因碍于情面而无法拒绝。

公元前265年,秦国进犯赵国,军队长驱直入,赵国危在旦夕。当时赵王还没亲政,国家大事都由赵太后说了算。赵太后向齐国求助,齐国答应出兵,但要赵太后的小儿子长安君做人质,赵太后没有答应。

大厦将倾,大臣们纷纷进谏,赵太后被逼得急了,便放出话来:"有谁还要让我把长安君送去做人质,我老太婆就朝他脸上吐口水。"

左师触龙听说这件事后,毅然决然前去劝阻。面对冷若冰霜的赵太后，只见触龙拄着拐杖颤悠悠走向前去，又慢腾腾地坐下，喘了好几口粗气，才不慌不忙地拉起家常：

"老了，走不动了，好久都没来看望您老人家了，实在抱歉。"

"彼此彼此，我也走不动了，都坐上轮椅了。"

"您的饭量怎么样？"

"就靠喝点粥凑合了。"

几句话下来，赵太后就放松了警惕，以为左师触龙是来跟她拉家常的，而不是来进谏的，脸色慢慢缓和了下来。

"我家小儿子舒祺顽劣不堪，我年纪大了，又偏偏最疼爱他。想给他在宫里谋个差事，让他护卫王宫，不知道您能不能通融呢？"

"没问题啊！多大年纪了？"

"才十五岁，虽然年纪小了点，可我也是趁自己这把老骨头还没入土，趁早替他做打算啊。"

"原来男人也疼爱自己的小儿子啊！"

"那当然，比女人还厉害呢！"

"看你这话说的，还是女人更加疼爱小儿子。"

一番交谈下来，赵太后已经意识到自己跟触龙是一类人——都疼爱自己的小儿子，彻底解除了防备。

"太后啊，我觉得您老人家爱女儿燕后甚过于爱长安君。"

"胡说，我对燕后的爱不及对长安君的爱。"

"为人父母，都会为子女的长远打算。当初燕后出嫁的时候，您抓着她的脚后跟哭哭啼啼，肯定是不愿意她远嫁他国啊。燕后出嫁后，您天天为她祈祷，祈求她不要让人家遣送回来，为的是让她的后代能继承王位，这不就是为她做长远的打算吗？"

"这话没错！"

"那从现在开始往上数三代，赵国君主的后代凡是被封侯的，他们的后代还有继承爵位的吗？"

"都没有了。"

"那其他国家的子孙有继承爵位的吗？"

"我没听说过。"

"所以啊！有些事情如果不做长远打算，近的灾难会波及我们自身，远的会殃及子孙。难道是君王的后代都不成器吗？我看不然，那是因为他们无功受禄，不足以让人信服。您现在给您的小儿子长安君那么高的地位，又赏赐给他良田美宅和金银珠宝，却不让他趁着年轻的时候为国家建功立业。假如您有一天驾鹤西去了，您认为他凭什么能够在赵国安身立命呢？"

"唉！你说得对！你想派他去什么地方，我不拦着了。"

于是，赵国为长安君准备了一百辆马车，送他去齐国做人质，齐国也就出兵援助赵国了。

杜甫在《春夜喜雨》中说："好雨知时节，当春乃发生。随风潜入夜，润物细无声。"这正是触龙说服艺术的写照，不仅"知时节"，又"潜入夜""细无声"。触龙一见太后便说起自己的生活起居，很快就营造出了一种同病相怜的氛围。接着，又通过自己对小儿子的关心，缩短了彼此的心理距离。最后动之以情、晓之以理，一步步让太后认可自己的说法，从而达到游说的目的。

因为意见不统一，所以才需要说服。要想让对方心平气和地接纳你的意见，最好不要站在对方的对立面上，而应该跟他站在"同一边"说话。世间所有的事都逃不过一个"情"字，即便是再铁石心肠的人，也难免不为真情所动。只有把话说得既合情又合理，让人于情于理都无法拒绝，才能大大增加说服的成功率。

略施压力,说服更奏效

有人曾经调侃过,世界上有两件事是最难办的,一是把别人的钱装进自己的口袋,一是把自己的观点装进别人的脑袋。人往往是很难被说服的,如果我们成功地达到了说服的目的,其实是因为:

1. 有突发的重要信息令对方改变了原来的立场;

2. 对方错误的观点被推翻,令他不得不重新建立新立场;

3. 一开始被对方忽略的重要因素,在你的提醒下被对方所重视,因而改变了其原来的立场;

4. 在强有力的威胁之下,对方不得不权衡利弊,最终妥协。

俗话说:"牵牛要牵牛鼻子。"一般来说,要想成功地说服别人,就一定要知道对方的性格特点和内心的真实想法,因人而异,对症下药,方能说服成功。比如,性格倔强的人,通常很难改变自己的决定,这时候,如果你略施压力使对方产生紧迫感,让他认识到问题的严重性,往往就能使说服"速战速决"。

李敬宇是一家保险公司的推销员,在他的软磨硬泡下,终于慢慢打开了客户王辉的防线,但对方还是有些犹豫:"我非常相信贵公司的实力,为了我的家人,也为了我能够安心地工作,我的确应该签下这份保险合同,不过,我需要再看看一些细节。"

看了半天,王辉慢慢皱起了眉头:"我半个月前刚在一家大医院做完体检,为什么还要让我再做一次?这不是多此一举吗?"

李敬宇笑着说:"王先生,我知道再做一次体检会有些麻烦,我更加不会质疑那家医院的权威性。可是我们公司有明文规定,签保险合同前必须做一次体检,这也是为了客户着想。"

王辉又说:"合同签订后,三天之内可以撤签,为什么不是一个月呢?这样我就有时间好好考虑考虑了。对了,这条我也不大明白……"

李敬宇想了想,笑着对王辉说:"噢,王辉先生,我知道您为什么一直下不了决心了。也许是我错了,我觉得这个保险品种不太适合您,您应该签订我们公司最新设计的'29天保险合同'。"

王辉问道:"这是新的保险品种吗?我怎么没听说过?"

李敬宇说:"这个新保险品种的最大特点就是您只需交纳一

半的保险费,就能享受全部的保险金额。但是,您每个月享受保险的日子只有 29 天,剩下的一天我们是无法理赔的。"

王辉眼前一亮,说道:"那我就选周末吧!周末我一般都在家里休息,像什么交通事故、抢劫之类的事我肯定碰不上。"

李敬宇摇摇头说:"我不认同您这个观点,根据保险公司的理赔统计,在家里出意外的概率远远大于户外。"说完后,李敬宇将一些统计资料交到王辉手中。

王辉看完后,一言不发,看着眼前的资料发愣。

李敬宇换了一种口气,真诚地说:"对不起,王辉先生,我知道我的话刺痛了您,即使您现在把我扫地出门,我也绝无怨言。因为我低估了您对家庭的责任心,也欺骗了您。您肯定在想:每个月只能享受 29 天的保险效力,剩下的一天却没有任何保证,如果恰恰在那一天出了事,那钱岂不是白花了吗?您放心,虽然我们公司的保险产品多种多样,但绝对没有所谓的'29 天保险',我只不过是拿它来打个比方而已。以您的智慧,肯定也意识到了保险的价值,就是在任何时候都能给您提供保障,一分钟都不例外。这也应该是您的亲人们所希望的吧!"

王辉完完全全被李敬宇说服了,心悦诚服地投了一开始的那个保险。

所谓"事不关己,高高挂起",很多人对那些跟自己无关的事,往往都漠不关心。所以，为了说服对方，你不妨暗示他："假如你不按我说的做，你将会受到……损失。"一旦对方发现事关自己的切身利益，就会引起重视。

不过，在运用施压策略时，我们一定要注意以下几点：

第一，态度要友善；

第二，讲清后果，说明道理，不可夸大或随口乱编；

第三，把握好施压的尺度，不可咄咄逼人，否则反而会弄巧成拙。

日本保险大王原一平受到上级的指派，去给一个男性用品制造公司的员工推销保险。

为了打开局面，原一平决定先见见这个公司的董事长。可每当他去董事长家，开门的老人就会将他拦在门外。当他询问老人"董事长什么时候在家"时，那位老人总是淡淡地说："不一定，有时候在，有时候不在，谁知道呢。"

原一平并不气馁，在接下来的 3 年零 8 个月的时间里一共跑了 71 次，但每次都无功而返。原一平的拗脾气上来了，他打定主意，一定要找到一个机会见一见这位神秘傲慢的董事长。

一天，正在门外守株待兔的原一平发现一位商人从董事长家走了出来。原一平马上跑上前去问："请问住在对面的那位董事长长什么样？"

那位商人的回答让原一平暴跳如雷,原来每次给他开门的那位老人就是董事长!原一平觉得自己被耍了,决定跟这位老人理论一番。

他平息了一下自己的情绪,走上去敲了敲门。

开门的依旧是那位老人,他惊诧地问:"怎么又是你?"

原一平装傻充愣:"我是来找董事长的,请问他在家吗?"

老人依旧淡淡地说:"不在,他今天一早就出去了!"

原一平生气地吼道:"你还在骗我!你明明就是董事长,为什么让我白跑71趟?"

老人丝毫没有愧意,依然不阴不阳地说:"哼,谁不知道你是来推销保险的!"

原一平此时已无路可退了,他决定用激将法。于是他面带嘲讽地:"我才不会向你这种行将就木的人推销保险呢!"

老人被气得面露青筋,他大声说:"什么?你说我没资格投保?"

"你当然没资格!"原一平针锋相对。

"那好啊!你马上带我去体检!"老人说。

"我才不愿意为你一个人浪费时间呢,如果你全公司的员工都投保的话,我就干!"

"好好好!我马上去公司集合员工,你快去找医生来!"老人说。

几天后，原一平安排了这个男性用品制造公司所有人员的体检。结果，除了董事长因肺病不能投保外，其他的人都成了他的投保户。这一次投保的金额高出了原一平原有纪录的5倍。

总之，施压策略只是一种说服的手段，主要起到传递信息的作用，意在告诉对方不这样做的话将会面临的恶果，从而利用人们趋利避害的心理达到说服的目的。此方法中包含着对对方的"逼迫"，所以有一定的局限性。在运用施压策略时，一定要把握好尺度，如果太过火，不小心激起对方的逆反心理，事情就会向更坏的方向发展。在运用这个方法之前，一定要全面深入地了解对方，并计算好这样做的风险，做好失败的准备。

满足他人需求，打动对方

有一家餐厅生意非常好，整天门庭若市。但是餐厅老板年纪大了，又膝下无子，便想着在三个大堂经理中，挑一个提拔为总经理。

老板把三个经理叫到一起，分别问了他们一个相同的问题。

老板问第一个经理："先有鸡还是先有蛋？"

第一个经理说："先有鸡。"

老板接着问第二个经理："先有鸡还是先有蛋？"

第二个经理想了想说："先有蛋。"

老板又问第三个经理："先有鸡还是先有蛋？"

第三个经理不假思索地说："客人点鸡，就先有鸡；客人点蛋，就先有蛋。"

老板点了点头，于是提拔第三个经理为总经理。

到底是先有鸡还是先有蛋？这个故事恐怕困扰了古今中外的多少哲学家。但这个案例中的第三个经理却给出了一个营销学的标准答案——客户的需求永远是第一位的。

如果你的目的是善意的，手段是光明的，那么，这种方法不失为一种很好的说服手段。

一千多年前，唐朝围棋名家王积薪曾创立"围棋十诀"，其中有一诀是"势孤取和"，意思就是当自己力量不足的时候，最好不要跟对方正面起冲突，而应该顺应对方的意思，等待时机反攻。

说服或者谈判时也应如此，如果对方的势力比你强，或者对方非常坚持自己的立场时，你千万不要正面反驳，而应该站在对方同一边，设法找出对方真正的需要，展开说服。

其实这也是高情商的一种表现，要运用这一策略，通常得运用以下三个小技巧。

1. 赞美对方的闪光点

没有人会拒绝别人的欣赏，也没有人会对欣赏自己的人敬而远之。对方拍了一张独特的风景图片、做了一个漂亮的 PPT、写了一份文笔流畅的策划方案……如果你都能发现并及时欣赏，对方就会得到一种自豪感，也会对你的欣赏予以正面的反馈。

2.拥护对方的价值观

每一个人都是独立的个体,都有自己的人生观、价值观,有些人的价值观甚至与世间大义背道而驰,如果你能站在对方的角度上,肯定和拥护对方的价值观,对方也一定会感到由衷的惊喜,这时你们之间的距离也就拉近了。

肖鹏飞在一家大型机械制造公司担任销售员。有一次,他被上司指派向一家大公司销售产品。经过详细的调查,肖鹏飞发现,只有这个公司的总经理才有权力采购物品。于是,肖鹏飞决定前去拜访他。

当肖鹏飞走进总经理办公室时,总经理秘书正和总经理聊天,秘书说,今天没弄到邮票。

总经理对肖鹏飞解释说:"我儿子需要一些邮票,我正在想办法收集。"

接下来,肖鹏飞开始向他介绍产品。但对方显得心不在焉,根本没有听进去肖鹏飞的话。就这样,肖鹏飞的第一次造访失败了。

该怎样说服那位总经理呢?在回家的路上,肖鹏飞忽然想起了总经理秘书的话。巧的是,肖鹏飞的妻子在银行工作,她收藏了许多邮票,那些邮票都来自世界各地,一般人根本弄不到。

第二天,肖鹏飞到该公司拜访。他告诉总经理秘书:"请转告你们的总经理，我这儿有一些邮票，相信他会感兴趣。"

很快，总经理就接见了肖鹏飞，他一边翻弄那些邮票，一边不断地说："太棒了！我儿子一定喜欢这些邮票，这都是珍品！"

然后，总经理拿出自己儿子的照片来给肖鹏飞看，他们谈了差不多半个小时的邮票。

最后，没等肖鹏飞先开口，总经理就主动要求订购肖鹏飞公司的 5 件大型机械产品。

每一个人都有自己的兴趣和爱好，都希望自己能得到满足。一旦有人能够理解他、满足他，他自然就会对对方产生一种信赖和好感，放下所有的戒备同对方进行合作与交流。

说服者为了达到自己的目的，根据对方的兴趣、爱好、需求等满足对方，使双方拉近距离。当双方站在同一阵营时，再提出自己的要求和条件，使对方心平气和地接受说服者的条件和观点，从而达到最终的目的。

有一对夫妇年近五旬，可一直没有孩子。因此，妻子便养了一只小狗，把小狗视为掌上明珠，十分疼爱。

有一天，丈夫一下班，妻子就唠叨了起来，说今天来了一个销售员，来向他们推销汽车，小狗在他脚边绕来绕去，对方都没正眼看一眼，她又生气又伤心，三言两语就把那个销售员赶走了。

又有一天，丈夫一下班，妻子就高兴地迎上来，满面春风地说："你不是说要买一辆汽车吗？我已经约了一个汽车销售员，明天咱们就去他们的店里看看吧！"

丈夫又好气又好笑："我是说过要买一辆车，也没说过明天就买啊！你怎么不跟我商量就定下来了呢？"妻子只好如实讲起了经过。

原来，那个名叫王楠的推销员一进门，看见妻子手里抱着一只小狗，就大加赞赏，说这种狗又纯正又高贵，毛色漂亮，有光泽，还非常干净。这一席话说得对方心花怒放，很快就答应王楠第二天跟丈夫上门详谈买车事宜。

丈夫确实想要一辆新车，但他挑花了眼，一时拿不定主意。在妻子"枕边风"的吹拂下，他决定第二天前去店里看看。

第二天，王楠早早就在那里等候了。经过一番交流后，这位丈夫也很快被王楠说服了。因为王楠句句说到了对方的心坎里，让对方不得不"当机立断"签下了这个订单。

懂得满足他人需求，就能成为说服达人。

第五章
充满吸引力的说话艺术

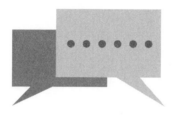

一见面就喊出对方的名字

生活中,我们常有这样的感受,偶然在路上碰到多年前的老师、领导、同事,对方一下子就喊出你的名字,心中难免有几分欣喜,感觉自己很有存在感;同学聚会上,彼此一见面就能叫出对方的名字,一种久违的亲切感令人心旷神怡,如坐春风。

其实,每个人在内心深处,都渴望得到别人的在乎、关注和尊重。所以,高情商的人善于记住别人的名字,并且一见面就叫出对方的名字。

阔孜巴依·艾麦提是一名维吾尔族商人,一次,他去广东跟客户谈合作事宜。由于赶到当地时已近黄昏了,对方便安排他住在该公司旗下的一家酒店里,说第二天再面谈具体的业务。

　　第二天一大早,艾麦提收拾好东西一出门,服务员就跟他热情地打招呼:"早上好,艾麦提先生!"艾麦提感到非常奇怪,一个普通的服务员怎么会知道自己的名字呢?

　　带着一脑袋的疑问,他走进了餐厅,餐厅的工作人员也同样对他说:"早上好,艾麦提先生,请问您要用餐吗?"

　　艾麦提感觉自己受到了 VIP 待遇,心里暖暖的。

　　当他见到该公司的经理时,对方先是热情地同他握手,然后笑着说:"阔孜巴依·艾麦提先生!感谢您来我们公司指导工作!"

　　听完这句话,艾麦提眼眶有些湿润了,因为自己的名字太绕口了,在他从商十几年的经历中,很少有人能叫出他的全名。可想而知,对方很快就得到了艾麦提的认可。

　　后来,艾麦提才了解到,这家公司规定,所有的工作人员都必须记住每个客人的名字,连饭店的服务员也不例外。正是凭借这一"企业文化",该公司才得以在商战中屡战屡胜。

　　德国的剧作家席勒曾经说过:"我的名字将随我而结束。"名字是一个人与他人区别的标志,也是代表这个人的符号。一个人的名字要伴随人的一生,始终和这个人荣辱与共,尽管人可以改变甚至抛弃它,而它却永远不会背叛自己的主人。因此,在社会交往中,每个人对自己的名字都无比珍视。

　　古人云:"名如其人,人如其名。"名字,就好比人的衣裳,与人交往,除了给别人留下音容笑貌外,自己的名字也在人群间流传。很多时候,在未见其人时,我们大多可以从对方的名字中留下对此人的第一印象。

美国前总统罗斯福有一句至理名言:"一种既简单但又最重要的增加亲密感的方法,就是牢记住别人的姓名,并且在下一次见面时喊出他的姓名。"初次见面就喊出对方的名字,这不仅是起码的礼貌,更是获得对方认同的前提。

郭俊杰是某报社编辑部的副主任,有一次,他受上级指派,去北京参加一个学术会议。来到报到的地点,见周围都是陌生的人,郭俊杰感觉心里空落落的。

这时候,他听见一个人喊他的名字:"俊杰!俊杰!"郭俊杰抬头望去,见一个戴眼镜的中年男子在那里招手,眼神游离不定。

"是不是叫我呢?或许是重名了吧?"郭俊杰一边想着,一边走了过去。

那人见郭俊杰走上前来,立马热情地接过了他的行李,拍着他的肩膀说:"你就是俊杰吧!我等你好久了。"原来,那人是这边负责接待的工作人员,他之前看过郭俊杰的资料,但不敢肯定,便喊了一嗓子。

在接下来的几天里,这位工作人员一见到郭俊杰就亲热地喊"俊杰、俊杰",让郭俊杰有种他乡遇故知之感。两人相处很是融洽。

回到报社后，郭俊杰就投入繁忙的工作当中了。一次，郭俊杰在办公室打扫卫生，想搬一下桌子，但桌子太重，他便随口喊了一声："扬扬，过来帮帮忙。"

那位叫张扬的年轻人入职不久，跟他并不相识。而且这人一向沉默寡言的，跟办公室的人很少有交集。

听到郭俊杰叫他，张扬的眼神马上亮了起来，他二话不说就走过来，不仅帮郭俊杰搬了桌子，还把剩下的卫生打扫了。

下班后，郭俊杰跟张扬一起出门，张扬红着脸说："郭主任，我是从农村来的，我的长辈一直叫我扬扬。您知道吗？您今天叫的这一声，差点把我的眼泪叫下来了，感觉真亲切、真带劲。以后您有什么需要帮忙的尽管吱声！"

在我们的社交中，记住别人的名字，并及时喊出来，等于是给对方一个巧妙的赞美。而如果你将对方的名字忘了，或者记错了，就会处于非常不利的地位。

"人过留名，雁过留声"，每个人都对自己的名字无比珍视，名字对于一个人来说，是世间最甜蜜的语言。因此，我们在社交中要牢牢掌握记住他人名字的技巧，熟记对方的名字，喊出对方的名字，给对方留下良好的第一印象。

如何记住他人的名字呢？

1. 索要对方的名片

有些人能够博闻强记、过目不忘，但大多数人则没有这种能力。所以，为了记住别人的名字，你不妨在跟别人初次见面的时候，问对方要一下名片。这样，即使你以后忘记了对方的名字，也可以随时查询他留下的名片。

2. 联想记忆法

所谓联想记忆，就是由当前的陌生事物联想到生活中常见的熟悉事物，以达到加深印象的目的。如果你每天遇到的人络绎不绝、形形色色，可采用这一方法。比如从对方的外貌特征、动作、口头禅等方面入手，联想到记忆深刻的一些事物，就能轻松地记住对方的名字。

3. 好记性不如烂笔头

每天睡觉之前，不妨将当日你遇见的新面孔的名字写到日记或者台历上，再或者，你可以将自己的社交圈建一个档案，然后将每个人的名字分类记在档案上。这样一来，当你要参加某个活动或者出席某个会议之前，可以快速地复习一遍他们的名字，做到万无一失。

世界上最美妙的声音，就是听到自己的名字从别人口中叫出来。很多人捐钱给图书馆、博物馆，就是为了能够在馆史上留下自己的名字，好让自己"流芳千古"。世界上有好多人渴望不朽，其实，不朽的不是人的自身，而是自己的名字。

记住别人的名字非常重要，而忘记别人的名字则非常无礼。能够记住对方的名字，就表示你对他非常尊重、关心，当对方感受到你的真诚时，他也会回报你同样的尊重和关心。

抓住对方感兴趣的话题

在谈话中,很多人往往会走向一个误区:只顾自己的喜乐爱好,却忽略了对方的兴趣。事实上,没有多少人会对自己陌生的领域或不感兴趣的话题表现出过多的热情,而如果遇到自己感兴趣的话题或擅长的领域,他们常常会情绪激昂地参与其中。

卡耐基曾经说过:打动人心最好的方式,就是跟他谈论最珍贵的事物。所以,在与对方聊天时,我们就可以抓住对方的这种心理,寻找对方感兴趣的话题,把话说到对方心窝里,从而实现进一步的交流。

我们细心观察身边的高情商沟通高手就会发现,他们在与人聊天时,常常会根据对方的兴趣、爱好、擅长的领域等,有意识地去迎合对方,让善解人意的语言走进对方的心田。

一次，王乐和朋友去拜访一位古生物学教授，那位教授年近七旬，桃李满天下，就是为人古板严肃，不苟言笑。

教授请他们坐下，吩咐爱人倒水，然后就一言不发了。

忽然，朋友的目光落在教授家的鱼缸上，鱼缸里有几条奇形怪状的鱼，正在欢快地游来游去。王乐知道这鱼叫"樱花"，自己家也有几条，还很得意地请这位朋友品鉴过。见他目不转睛地看，王乐心里很纳闷，他又不是第一次见，至于这么大惊小怪的吗？

教授见朋友目不转睛地盯着鱼缸，就笑着问："怎么样？这是我学生送的，见过吗？"王乐刚想开口："见过，我家也有好几条呢！"朋友却抢过了他的话头："还真没见过。这鱼真有意思，叫什么名字？"王乐不解地看看他，心想："得失忆症了吗？不是上个月才到我家看过吗？"

教授一听此言，顿时两眼放光，他神采飞扬，跟朋友谈起了这鱼的来历、习性，朋友听得连连点头，时不时提问几句。那位教授像是遇到了知己，侃侃而谈，不知不觉两个小时就过去了。

傍晚，两人起身告辞，不料教授死死挽留，非要让他们吃完晚饭再走。临走时，教授还硬塞给那位朋友几条"樱花"，并一直把他们从五楼送到楼下。

一句善意的谎言，就使得教授的态度前后判若两人，本来几乎陷入僵局的交谈得以顺利进行。若实言相告,那很可能就会继续尴尬下去。

人过一百,形形色色,所以,跟不同的人交谈,我们必须采用不同的沟通话题,才能引起对方的共鸣。如果你能在一开始就抓住对方感兴趣的话题,把对方的好奇心吸引过来,就能在短期内拉近彼此之间的距离,破除双方之间的隔阂,使交流顺利进行。

心理学家发现,发展和实现人的潜力,是贯穿人一生的目标。不过由于每个人性格和习惯的不同,跟人相处则成为一门大学问,甚至会影响到一个人的人生道路。每个人都生活在不同的文化群体中,各自也带有明显的性格特征,只有当你参与到对方感兴趣的话题中时,才能让对方关注你,从而获得你想要的东西。

某建筑集团承建了一个大型会所,工程竣工后,该建筑集团便招标会所的装修工程。为了拿到这笔订单,无数的装修商挤破了脑袋,想得到这笔不菲的订单。然而,找该建筑集团董事长汪良瑜合作的商人无不乘兴而来,败兴而归。

"苹果装修公司"的经理韦俊文也是这千万人当中的一个,不过他谈判的方式有点与众不同。

在拜访汪良瑜之前,汪良瑜的秘书告诉韦俊文:"我知道您非常想得到这笔订单,但我可以负责任地告诉您,如果您耽误了汪总5分钟以上的时间,您就没戏了,汪总喜欢直来直去。"韦俊文微笑着点点头。

进入汪良瑜的办公室后，韦俊文并没有直入正题，而是静静地站在那里仔细地打量起这间办公室来。过了一会儿，汪良瑜从一堆文件中抬起头来，发现了韦俊文，便问道："你有什么事吗？"

韦俊文一边笑着点头一边说："汪总，我刚刚仔细观察了您的这间办公室。我本人长期从事室内装修，但从来没见过装修得这么精致的办公室。"

汪良瑜本想挥挥手让对方出去，但当听完韦俊文的话后惊讶地抬起头来，高兴地回答说："是啊！这间办公室是我自己设计的，当初刚建好的时候，我喜欢得要命。但是后来一忙，就没时间仔细欣赏我的这个作品了。"

韦俊文慢慢走到墙边，仔细打量了一下墙上的木板，肯定地说："这是橡木吧，对不对？""是的，"汪良瑜激动得快要跳起来了，"那是从英国进口的橡木，是我亲自去英国进的货。"

汪良瑜开始对这个年轻人另眼相看了，他带着韦俊文仔细地参观起了他的办公室。他把办公室内所有的装饰一件件向韦俊文介绍，从木质谈到墙纸，又从墙纸扯到风格，从手艺谈到价格，然后又详细介绍了他设计的经过。

两人越谈越投机、越谈越专业，不知不觉就谈到了中午。

最后，汪良瑜告诉韦俊文："上次我去日本观摩，专门买了几把椅子，现在就放在我家的走廊里。不过由于我琐事缠身没顾上打理,现在椅子都脱了漆。昨天我让秘书买了几桶油漆,想抽空把它们重新油漆好。你有兴趣看看吗?好了,到饭点了,我们吃完饭再说吧。"

吃过午饭后,汪良瑜便和韦俊文搭档,把椅子重新漆了一遍。直到韦俊文告别的时候,都没有提起这次拜访的初衷。但最后,韦俊文不但得到了这个订单,而且和汪良瑜结下了终生的友谊。

每个人都有自己感兴趣的东西,当你跟他谈起对方感兴趣的东西时,对方必定会对你另眼相看,顿生"久不遇知音"之感。所以,不管是与人交谈还是求人办事,只要抓住了对方的兴趣点,投其所好,积极主动地为对方送上一顿"美味大餐",相信定会越谈越投机,越谈越"相见恨晚"。

有一位哲学家曾经说过:"我非常爱吃草莓,但我从来不用草莓钓鱼。"这话看起来等同于废话,但许多人在跟人交流时却常忽略了这句话。常常以个人为中心,而忽略了对方的喜好,认为自己觉得有趣的东西,别人也会感兴趣,其实对方根本没听进去。

一个深谙说话之道的人,会有很强的判断力,会根据对方的修养、文化、出身、年龄甚至职业来改变自己的说话风格与内容。所以,如果你要使人喜欢你,如果你想让他人对你产生兴趣,就要摸清对方的兴趣爱好,选择对方感兴趣的话题谈,才能使交谈变得更加顺畅。

认真的倾听拉近心理距离

语言是人与人之间交流最常见的方式。说话是表达观点、宣泄情绪的一个重要途径，而倾听则是接受对方的过程。可惜的是，大多数人都重视前者，而往往忽略了后者的重要性。

爱说，不爱听，这是大多数人的通病。很多人一讲起话来就神采飞扬，却很难静下心来倾听别人的想法与意见。学会倾听是促进良好人际关系的有效途径，更是对别人最起码的尊重。当我们没有听完别人话的时候，千万不要刻意打断，更不要妄加评论，因为我们只听到了冰山一角，后面的话还没有听完，急于表达自己的想法，只会给人留下浮浅、不稳重的印象。

情商高的人，通常善于聆听他人的心声。积极的倾听，具有以下重要的作用：

第一，可以让自己从容地理解对方的观点，避免做出过激或过火的行为；

第二，可以让对话的节奏慢下来，为思想火花的碰撞留出时间。在快速的交谈中，虽然也会有思想的碰撞，但无法给人留下思考的空间；

第三，可以防止出现破坏性、消极的对话方式；

第四，可以彰显你的内涵与修养，让对方打心底钦佩你。

倾诉是人的本能，大多数人都有强烈的倾诉欲，但倾听是一种智慧，一种修养。古希腊先贤苏格拉底曾经说过："上帝给人类两只耳朵和一个嘴巴，就是希望人能够少说多听。"寥寥数语，形象而深刻地说明了"听"的重要性。

一年卖出数十辆大众轿车的销售员卢艳曾这样说："每个客户都像一本百科全书，你要用心倾听才能得到积极的回馈。"

几年前，卢艳还只是个初出茅庐的愣头青。客户一上门，三句话后她就开始谈车的性能、动力、舒适度，没想到她说得越多，客户就越反感，因此业绩总是平平。

直到有一天，一位客户跟她说："你就不能让嘴巴闲一会儿吗？"这话让她茅塞顿开。从此以后，她每次都会让客户先说话。

一次，有一位衣着不凡的女士来店里看车，同事亲热地走上前去问候："女士，您要来看车吗？"该女士不冷不热地说："来你们这儿,不看车难道看你啊?"同事尴尬地站在当场,不知该怎么接话。

这时候,卢艳静静地给对方端上了一杯水,然后站在一旁,不发一语。

女士抱怨道:"你们销售员的服务态度很差,车卖得又贵。"只见卢艳虚心请教:"您说得非常对,欢迎您给我们提宝贵的意见,我们好做出整改。"说完,卢艳挽着对方的手走进了贵宾室。半个小时后,一笔5辆车的订单就到手了。

同事们很奇怪地问她:"这么难缠的客户你都能搞定,你会用什么魔法啊?"卢艳静静地说:"我其实什么都没做,只是耐心地听她抱怨了20分钟。"

原来,这位女士早就相中了一款车型,但走了好几家专卖店都没碰到令她满意的业务员。而卢艳只是用心倾听对方的抱怨,同时给予积极的回应。等对方渐渐消气了,她开始与对方聊起了家庭、衣服搭配等。不到半个小时,交易就完成了。

很多人认为,沟通中侃侃而谈更能显示自己的才学和见识,其实不然,你越是滔滔不绝,愚蠢就会越暴露无遗。只有学会倾听,你才能在冷静中体会对方话里话外的真正含义,才能让你全面地了解到对方是个什么样的人。

美国斯坦福大学的一位教授发现,在与他人沟通时,80%的倾听加上 20% 的说话便能达到理想的效果。而且他还指出,人们在日常语言交往活动中,听的时间占了 50%,说的时间大约为 30%,剩下的 20% 就是读和写了。从这些数据中我们可以看出来,倾听在一个人的日常生活中是多么重要。

关注自身的利益是人类的本性,所以每个人最喜欢的话题当然是跟自己切身相关的。对于那些木讷不善言辞的人来说,这真是个好消息,因为它意味着你不必成为一个天才交谈者才能使人们对你着迷,你只要记住一件事情:把表现的机会让给别人。

一家大型的合资企业要收购一批建筑原材料,他们经过层层筛选,最终敲定了三家建筑公司,并给他们发了邀请。成败在此一举,所以三家公司的代表都在积极准备。

在谈判的前夕,黄河建材公司的代表张宇突然得了感冒,嗓子发炎,说不出话来。然而令人意外的是,最后却是他们中了标。

事后,张宇回忆道:"当我进入会议室以后,我的嗓子哑得一点话都说不出来。情急之下,我就拿起一张纸,写道:先生们,我的嗓子发炎了,不能讲话。然后,我请他们就我的样品发表意见。在后面整个讨论过程中,我所有的语言仅限于微笑、点头和做一些手势,更多的则是倾听。结果没想到,这次我成功地签下了材料合同,真是出乎意料。"

"本来我以为这次没希望了,我嗓子哑了,什么观点都表达不出来。没想到却完全在偶然的情况下发现,给他人创造说话的机会不无好处。"张宇说。

著名作家陶勒斯·狄克说:"借给别人耳朵而不是嘴巴,这才是通向成功的捷径。"言语是表达的基础,但如果毫无顾忌,却是嘴巴张开的陷阱。在生活中我们都希望谈论自己,让别人了解自己,却很少倾听别人,其实倾听更是一种能力,学会倾听,会给别人留下一个可交、可靠的印象。只有让自己站在对方的立场上,耐心听取别人的讲话,你才能够赢得别人的尊重。

听别人讲话确实是一门高超的艺术,那么,如何才能做一个好的听众呢?

1.切忌打断别人的话

当别人讲得正起劲的时候,如果你自作主张,用生硬的话头打断别人的叙述,这不仅不礼貌,还有可能伤害到对方的自尊,引起对方的反感和愤怒。

2.协助对方把话说下去

这一点也非常重要,因为当对方说了一大堆道理之后,如果得不到你正面的回应,尽管听得很认真,对方也会认为你心不在焉。

在对方说话的停顿期间,你可以用简单的反馈来表示你在用心听,如"真的吗?""你说得太对了!""接下来怎么样了?"这些话语会让对方有兴趣把话说下去,使沟通更加流畅。

3.避免虚假的反应

在对方没有表达完自己的观点之前,千万不要自作聪明地轻易下结论。"我大概猜到你想说什么了""你说的我全都明白""不就是那么回事吗",这种反馈不仅会让对方感受到被轻视,还往往会让对话不欢而散。

不会提问等于不会说话

    法国著名的启蒙思想家、哲学家、文学家伏尔泰说："判断一个人要根据他的问题，而不是他的回复。"

    大发明家爱因斯坦说："提出一个问题永远比解决一个问题重要。"

    美国著名的记者杰克·海顿说："大概99%以上的优秀新闻都是在向别人提问的基础上写成的。"

    世界上最懂得高情商沟通的人，是会问问题的人。很多时候，我们说的话对方没有听进去，并不是因为我们说得不够好，而是我们提问的功力不够深。

    提问的目的，是为了营造一种和谐的氛围。我们从对方的角度出发去提问，往往都能取得良好的效果。因此，在提问的时候，一定要把握好时机，摸清对方的脾气，使谈话变为两个人的"交心"，不要提对方不想回答的问题，也不要限制对方的回答。

一天，房地产商江雷的办公室里来了一名保险员，他是带着别人的介绍信来的。

"江总您好！我是保险员苏毅。我想您大概认识张春阳先生吧！"苏毅一边说话，一边将自己的名片和张春阳亲笔写的介绍信递过去。

江雷不等对方说完，便毫不客气地打断他的话："老张真是会给我找麻烦，你是我今天所见到的第四个保险员了，你没看我很忙吗？要是我整天跟你们消磨时间，那就什么事都别想做了，快点走吧！"

苏毅并没有马上离开，而是饶有兴趣地观看江雷办公室墙面上的一些荣誉奖章，然后问道："江总，这都是贵公司的成绩吗？"

"不错。"江雷冷冰冰回答。

苏毅又看了一会儿，问道："江总，您入这行很久了吧？"

"嗯……大概有二十年了！"江雷的态度有所缓和。

接着苏毅又问："那您当初是怎么进入这一行的呢？"

江雷看了苏毅一眼，接着陷入了回忆中："这件事就说来话长了，我17岁时就到一家大企业打工，在那为他们卖命一样地工作十多年，可是到头来只不过混到一个部门小主管，做什么事情都要委曲求全,所以我下了狠心,想办法自己努力创业。"

苏毅又问道:"请问您是当地人吗?"

这时江雷已完全不生气,也不像之前那样不耐烦了,他告诉苏毅自己并不是当地人,而是北方人。

苏毅显得很吃惊:"那真是更不简单了,我猜想您很早就到这儿发展了,是吗?"

这时江雷脸上已露出笑容,自豪地对苏毅说:"我 12 岁就离开老家,先在北方待了一段时间,然后决定到这边来打天下。"

"原来是这样啊!您真是不容易,您现在的产业这么大,一开始肯定筹措了不少资金吧?"

江雷微笑着继续说:"资金?哪里来的资金?我注册这家公司时,口袋里不到 5000 元,但我的公司现在已有 5000 万的资本了。"

后来,江雷越谈越高兴,越聊话越多,两人仿佛是久未见面的老朋友一般。临走时,苏毅自然也拿到了自己想要的保单。

世界上最难对付的人,恐怕就是不善言辞的人了。碰到这种情况时,你一定要主动发问,引导对方把话说下去。如果你一直在说而不发问,沟通就会陷入死胡同。所以,在适当的时间提出适当的问题,在沟通过程中至关重要。

通过恰当的提问,你可以:

1. 寻找线索,挖掘细节,得到想要的信息;

2. 掌握对话的进程和节奏;

3. 确定对方的需求、希望和担心,使沟通朝着有利的方向发展。

世界级销售培训大师伯恩·崔西说:"如果你能提问,就永远不要开口说。"沟通中,谁想要从另一方那里得到更多的东西,谁就必须做到这一点:用适当的提问协助对方把话说下去。对方说得越多,我们获得的东西就越多。

有一个小镇上有三家相邻的水果店。一天,第一家水果店里来了一位老妇人,问:"请问有李子吗?"店主马上迎上前去,笑着说:"当然有啊!您看我这李子又大又甜,还刚进回来,新鲜得很呢!"没想到老妇人一听,竟一言不发扭头走了。店主非常纳闷,奇怪,自己什么地方得罪老妇人啦?

老妇人出门后,走进了第二家水果店,同样问:"请问有李子吗?"第二位店主马上迎上前说:"老妇人,您要买酸李子还是甜李子?我们家的李子有酸的,也有甜的。"老妇人说:"我想买一斤酸李子。"于是老妇人买了一斤酸李子就回去了。

第二天,老妇人走进了第三家水果店,同样问:"请问有李子吗?"第三位店主是个小姑娘,她甜甜地问:"老妇人,您要买李子啊?""是啊!"老妇人应道。"我这里李子分为酸、甜两种,您是想买酸的还是想买甜的？""我想买一斤酸李子。"老妇人说。

跟前两位店主不同的是，这位小姑娘在给老妇人称酸李子时，顺嘴问道："别人都喜欢吃甜李子，您为什么单单喜欢吃酸的呢？"老妇人高兴地说："你不知道，最近我儿媳妇怀上孩子啦，特别想吃酸的。""原来是这样啊！那我可要恭喜您啦！有您这样细心的婆婆可真是您儿媳妇天大的福气！""哪里哪里，怀孕期间当然最要紧的是吃好，胃口好，营养好啊！"

"没错，我从电视上看到，怀孕期间的营养是非常关键的，多吃些水果，生下的宝宝会非常聪明！""是啊！那吃哪种水果含的维生素更丰富些呢？""很多书上说猕猴桃含维生素最丰富！""那你这儿有猕猴桃卖吗？""当然有，您看我这进口的猕猴桃个大，汁多，含维生素多，您要不先买一斤回去给您儿媳妇尝尝？"

这样，老妇人又兴高采烈地买了一斤进口的猕猴桃，而且以后几乎每隔一两天就要来这家店里买各种水果。

由此可见，通过恰当的问题，我们可以得到自己需要的信息，并掌握谈话的主动权，使谈话结果朝着我们需要的方向前进。

世界知名销售教练马修·史维说："我有三件法宝能帮助我得到我所想要的：第一，我是自己心灵的主人；第二，我懂得问问题的技巧；第三，我可以付诸大量的行动。"

在交谈中，"你"是前进的标志，而"我"则是停止的标志。如果我们想了解对方内心的真实想法，就应该适时提出恰当的问题，以对方为中心而自己多听，从而更能掌握谈话的主动权。

美国一位心理学家认为，谈话中充分运用"FORM 法则"，可以让对方感到你的重视与关怀，为谈话奠定良好的基础。

"F"（Family）即询问关于对方家人的问题。比如："你结婚了没有啊？你的孩子多大了？""你儿子现在上几年级了？""你们全家经常出去远足吗？"

"O"（Occupation）即询问对方的职业或工作。比如："你是干哪一行的？""最近工作挺辛苦吧？""你是哪年毕业的？"

"R"（Recreation）即询问对方喜欢哪些娱乐活动。例如："你下班后一般喜欢做些什么呢？""听说你唱歌特别好？""你喜欢郊游吗？"

"M"（Money）即询问对方金钱跟梦想的关系。例如："你最期待的生活是什么样的？""我知道你很喜欢旅行。如果不缺钱，你最想去哪里旅行呢？""退休后你有哪些打算？"

一个聪明的人，一定是一个能引导、启发别人说话的人。"FORM 法则"能在交际中帮助我们去引导对方去谈自己，从而涌出很多接着沟通的话题。

让优雅的笑容为你的语言加分

　　在人际交往与心灵沟通中,有一个最简单却最有效的沟通技巧,那就是微笑。情商,很多时候就是一个微笑的差距。微笑是人与人之间打招呼最好的表情, 也是一种非常有感染力的交际语言,它不但能在最短的时间内拉近对话双方的距离,还能传情达意。

　　很多人都记得《加油,好男儿》中的宋晓波,那个无法开口却永远保持微笑的聋哑青年。跟其他人比起来,他可能先天条件不足,但不管在何时何地,他的脸上总洋溢着甜美的微笑,就是这种温暖的微笑,让我们轻而易举地记住了宋晓波。

　　在与他人交流沟通的过程中,无声的微笑会比有声的语言更有用,那些用微笑传达给别人的东西会比语言更具有亲和力和穿透力。真诚的微笑会让对方内心产生好感,引起对方的共鸣,使对方陶醉其中,加深双方的友情。

　　飞机起飞前,空姐忙碌不堪。这时,一位乘客叫住了空姐:"麻烦您给我一杯水,我要吃药。"空姐很有礼貌地说:"先生,为了您的安全,请耐心等待一会儿,等飞机进入平稳飞行后,我马上给您倒水,好吗?"

　　一会儿,飞机进入了平稳飞行状态,空姐也闲了下来。突然,乘客服务铃急促地响了起来,空姐猛然意识到:"完了!刚刚忙晕了头,忘了给那位乘客倒水了!"

　　她马上来到客舱,那位乘客正在怒气冲冲地看着她。空姐小心翼翼地把水送到那位乘客跟前,面带微笑地说:"先生,实在对不起,由于我的疏忽,延误了您服药,我感到十分愧疚。"这位乘客看了看手表,余怒未消地说:"你看看时间,有你这样服务的吗?"空姐手里端着水,十分尴尬,但是,无论她怎么解释,这位"多事"的乘客都不肯原谅她。

　　接下来,为了解开对方的心结,每次路过客舱时,空姐都会特意走到那位乘客面前,面带微笑地询问他是否需要帮助。然而,那位乘客板着一张脸,并不理会空姐。

　　眼看马上到达终点了,那位乘客要求空姐把留言本给他。空姐忐忑地把留言本递给他,心想:"这次免不了要遭到投诉。"然而打开本子却惊奇地发现，那位乘客在本子上写下的并不是投诉信，相反，这是一封热情洋溢的表扬信。

信中的话令空姐感动到几乎要落泪："在这趟旅途中，你表现出的真诚的歉意，特别是你的 12 次微笑，深深打动了我，使我不得不将投诉信写成表扬信！你的服务质量不容挑剔，下次如果有机会，我还将乘坐你们的航班！"

英国诗人雪莱有一句名言："微笑，是仁爱的象征，是快乐的源泉，是亲近别人最好的媒介，正是因为有了微笑，人类的感情才得以沟通。"的确如此，微笑就像一座坚实的木桥，架在彼此心灵的河流上，因为灿烂的微笑，人与人之间的沟通才变得更加容易。

生活对于我们每个人都不公平，但当我们受了挫折、委屈之后，即使摆出一副苦大仇深的样子，也不会让现状有任何改观。相反，如果我们带着微笑去生活，会在无形中增加你的亲和力，别人更乐于跟你交往，你得到的机会也将更多。

微笑是最好的沟通方式，真诚的微笑是打开对方心灵的金钥匙。谁不希望跟一个乐观开朗的人做朋友呢？微笑能给自己一种信心，也能给别人一个机会。给别人一个善意的微笑，你就会有意想不到的收获。

一天，销售员张伟军去拜访一位客户，但是结果不尽如人意，他吃了个闭门羹。张伟军很苦恼,回来后把事情的经过告诉了经理。经理耐心地听完了张伟军的讲述,沉默了一会儿说:"你不妨再去一次,但在进门之前要调整好自己的心态,时刻保持微笑,这样他就能看出你的诚意。"

张伟军试着去做了,进门之前,他努力让自己的笑容显得格外亲切、真诚。结果对方也被张伟军感染了,他们愉快地签订了协议。

张伟军结婚已经快20年了,夫妻感情平淡如水。每天早上起来,夫妇俩通常都跟陌生人一样打个招呼就各自上班去了。张伟军突发奇想,既然微笑能在商业活动中发挥神奇的作用,那在家庭中呢?

第二天早起,张伟军换了副面孔,给了妻子一个大大的微笑。吃早餐时,他又问候妻子:"早安,亲爱的!"这让妻子又惊又喜。之后,张伟军的婚姻进入了蜜月期。

来到公司,张伟军对门口的保安热情微笑,对保洁员微笑,对电梯管理员微笑,对一向关系不太融洽的同事微笑。张伟军很快就发现,身边的所有人也对他报以微笑。即便是那些对他不满的人,张伟军也是一边听对方抱怨一边微笑,于是,问题轻松地解决了。

因为微笑,张伟军的交际越来越广,工作业绩也越来越好。张伟军的生活因此发生了改变,他变成了另外的一个人,一个更乐观、更幸福、更成功的人。

现代医学证实，经常发自内心地微笑，可以有效地改善人的生理机能、提升人的积极情绪。一旦情绪提升了，就能够提高工作热情，增强工作和办事的效率。

在生活中，没有人喜欢跟一个整天冷面寒霜的人在一起，因为这种人只能带给别人消极、悲伤和失望的情绪。而微笑则恰恰相反，真诚的笑容是脸上最娇艳的花朵，是一个人能够献给对方最好的礼物。当我们把这种礼物奉献给别人的时候，我们不仅能赢得友谊，还能赢得其他许许多多的财富。

俗话说，"伸手不打笑脸人"，虽然你无法控制自己的长相，却可以控制自己的表情。不过，在生活中，微笑可是有讲究的，表里如一、毫无矫揉造作的微笑才有感染力，万万不能为笑而笑，没笑装笑。总结起来大概要注意以下几方面。

1. 要笑得自然

微笑是美好心灵的外观，是愉快心情的反映。发自内心才能笑得自然，笑得亲切，硬挤出来的笑还不如不笑。因此，只有你把对方当朋友，给予对方充分的尊重，才能自然而然地向对方发出会心的微笑。

2. 要笑得真诚

当你微笑的时候，一定要真诚。因为只有真诚的微笑能让对方感到温暖,感到受重视,从而陶醉在感动之中,加深友情。

3. 微笑要有不同的含义

不同的微笑有不同的含义,传达的感情也不同。尊重、真诚的微笑是给长辈和领导的,关怀、宠爱的微笑是给晚辈的,自信、豁达的微笑是给同辈的。

4. 把握微笑的度

任何事情都有一个度,微笑也是如此。微笑要恰到好处,如果太过放肆、张扬就会有失身份,引起对方的反感。

5. 微笑要看场合

微笑使人心情舒畅,但一定要分清场合。当你在庄严的会议上微笑时,对方会觉得你莫名其妙;当你在别人的追悼会上微笑时,对方会觉得你麻木不仁。只有在合适的场合、面对合适的对象,微笑才能发出它的威力。

第六章
做个会讲故事的情商高手

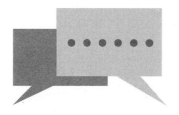

用故事打动对方

很多人小时候都有这样的体验：当长辈们语重心长地给你讲道理时，你唯恐避之不及；而当他们给你讲那些稀奇古怪的故事时，你则会静静地在旁聆听，生怕错过任何一个情节。

讲故事，是用最简单、浅白的方式，来表达深刻的道理。想要打动对方，与其拿出一大堆的数据和道理，倒不如给对方讲一个有趣且深刻的故事。

首先，故事可以满足人们对未知事物的好奇心。

其次，故事可以给人们带来不一样的生活体验，让自己沉浸到另一个世界中去，体验到完全不同的生活状态。

最后，故事可以给人们提供更多的信息，让抽象的事物变得具体，让复杂的事情变得简单。

故事有开头、过程和结尾，即使听话者忘记了你的言谈举止、音容笑貌，他们仍会记得你的故事，以及其中所隐含的智慧。如果你的故事是真实而吸引人的，他们会非常乐于与他人分享，如此一来，你的人脉就会越来越广。

某作家是一个"黑五类"，很早就被打成了右派。在那个特殊的岁月里，他的学业、事业、爱情处处受到打压，三十多岁依然孤身一人。他的亲友们给他介绍了不少对象，按他的话说把东北所有的女孩都给他介绍过来了。

他不服输，决定再努力一把，把命运掌握在自己手里。

但他一无所有，没钱、没地位、没身份、没帅气的外表。

后来，他想到了一个最简单、最有效的办法，就是——讲故事。

在农村劳动的那段时间里，他每天都给周围村庄的女孩们讲故事，从《钢铁是怎样炼成的》到《一千零一夜》。那时候，人们的物质、精神都很匮乏，所以他的故事非常有吸引力，女孩们每天晚上最大的娱乐就是围在他周围听他讲故事，都听得上了瘾。

在这群女孩里面，他最喜欢的是一个18岁的小姑娘，所以他就给这个女孩"开小灶"，给她讲更多的故事。他看过很多书，肚子里的故事数不胜数，这个女孩也越来越迷恋他。但当时女孩法定结婚年龄是20岁，他们还不能结婚。

怎么办?他只能继续讲故事,书里的故事讲完了,他开始自己编故事。

就这样一直讲了两年,等到这个女孩到了 20 岁,可以结婚了,两个人理所当然地喜结连理。

在给女孩讲故事的过程中,这位作家锻炼了丰富的想象力,也积累了很多写作素材,后来成为一个著名的作家。

一个好的故事之所以能够打动人,是因为它能够潜移默化地影响人们的信念,引发人们的好奇心,提高内容的传播性。所以,真正拥有高情商的人,通常都善于讲故事。

彼得·古博在《会讲才会赢》一书中这样写道:"数据、幻灯片或堆满数字的表格,并不能激发人们采取行动。打动人的是情感,而要使人们对你设置的议程产生情感联系,最好的方式便是以'很久以前'开头 。"

当人们听到那些繁复啰唆的数据和资料时,往往都会没精打采,昏昏欲睡。可一旦你以"很久以前,有一个……"开头,人们就会打起精神来聆听后面的内容。

讲故事是人类最古老的沟通方式之一,在为听众提供他们愿意听的内容的同时,说话者也可以借此从听众那里获得自己想要的东西。

一家合资企业新招聘了一位经理,为了给他树立威信,董事长决定召集全体员工开大会,并让这位经理发言。这位经理第一句话就说:"我是一头驴。"

下面顿时传来一阵哄笑。

这位经理没有理会,接着讲。

我们家乡有一头驴,一天,驴子掉到了枯井里。它不停地号叫,企图呼唤主人来救它。农夫为救驴子绞尽脑汁,但几个小时过去了,驴子还在井里痛苦地哀嚎着。

万般无奈之下,农夫决定放弃营救,他心想这头驴子年纪大了,大费周章营救它不值得,不过无论如何,还是得把这口井填起来。于是农夫便请邻居们帮忙一起将井中的驴子埋了,以免除它的痛苦。

人们开始拿起铁铲,将泥土铲进枯井中。当驴子看到这绝望的一幕时,凄惨地叫了起来。但过了一会儿,这头驴子就安静下来了。人们好奇地探头往井底一看,出现在眼前的景象令他们大吃一惊:

当村民们把泥土铲落到驴子身上时,驴子就会将背上的泥土使劲抖下来,然后站到铲进的泥土堆上面!

就这样,每当有泥土落下来,驴子都会将其抖落在井底,然后再站到泥土上面。很快地,这只驴子便得意地上升到井口,然后在众人惊讶的表情中轻松地跑开了!

"这时候我再说自己是那头驴子，还有人觉得很搞笑吗？"

下面顿时变得鸦雀无声，再没有任何嘲笑的声音，沉静了一会儿，下面掌声雷动。

这位经理摆摆手止住了掌声，缓缓说道：

"其实，生活也是一样，我们遇到困难和挫折时，就像跌进了一口枯井，而且还会有人落井下石。想要从这个绝望的险滩中挣脱出来，走向人生的成功与辉煌，办法只有一个，那就是：将这些沉重的挫折和包袱都统统抖落在地，重重地踩在脚下。我们在生活中遇到的每一个门槛、每一次失利，都将是我们通往成功路上的垫脚石。在以后的工作中，我将会和大家一起去将这些压力踩在脚下，为公司的发展奉献出全部的精力。所以请大家相信我，也相信你们自己。我们都会成功的！"

一个经典而富有禅意的故事，不仅轻松打开了社交的僵局，又鼓舞了大家的士气。

在现实生活中，我们常常听到这种极其富有感染力和说服力的故事，它能够通过身临其境的体验影响听众的价值观，帮助我们在人生的道路上越走越顺利。其实，你的经历越丰富，见识越宽广，就越有素材为你的故事加分。

人人都喜欢听故事，这是人的天性。在这个碎片化的时代，人们常常被信息的海洋所淹没，在语言的沟通上，如果没有吸引力，很难进行下去，所以我们需要学会让自己的语言变得有趣起来，而一个意味深长的故事就好比一件救生衣，能让我们从虚假、不被信任的汪洋大海中解脱出来，游向成功的彼岸。

成功的营销者都是故事大王

人与动物最大的不同，就是会用语言讲故事，并说服对方。事实的确如此，一只猩猩永远不能通过讲故事让另一只猩猩放下手中的香蕉，让对方相信死后就能进入到处都堆满香蕉的天堂。但人却可以，讲故事、听故事已经成为人类基因中的一部分。

潘石屹讲了个苹果的故事，带动当地苹果的销量超过了3亿；褚时健讲了个橙子的故事，一时间成为人们津津乐道的传奇；王石讲了一个登山的故事，为万科省下了大把的广告费……

很多从事营销的人士，一天到晚都在考虑怎么做项目策划、怎么提高营销水平、怎么丰富营销形式，为了达到营销的目的可谓想破了脑袋。其实，与其辛辛苦苦钻研营销技巧，倒不如老老实实地给对方讲个故事。

故事营销是说服别人最好的工具，在丰富多彩的商品世界中，产品本身已经无法有效地吸引到客户，只有产品背后的故事才能让对方产生购买的欲望。所以，故事讲得好，品牌就能推广得好。

有一家化妆品公司生产了一种名叫"绵羊油"的护肤品，由于此产品刚刚面市，所以很多人都不愿意当第一个"吃螃蟹的人"，产品销量乏善可陈。为了打开销路，该公司的创意团队编了一个故事，让销售员在销售的过程中讲给顾客：

很久以前，有一个国王。他对吃非常讲究，有一个手艺精湛的厨师，做出的饭菜香甜可口，国王对他十分满意。

可是有一天，这位厨师的手不知什么缘故红肿起来了，做出来的饭菜也没有以前的味道了，国王非常着急，下令御医给厨师治病。可是御医们始终无法查出这个病是什么、怎么来的。

无奈之下，厨师只好含泪离开皇宫，开始了自己的流浪生涯。后来，穷困潦倒的他被一个牧羊人收留了。于是，这位厨师每天和这位牧羊人风雨同舟，放羊为生。放羊的时候，厨师就躺在草地中，一边回想自己光荣的过去，一边抚摩身边的绵羊。

不知道过了多久，忽然有一天，厨师惊讶地发现自己手上的红肿不知不觉消失了！他非常高兴，告别了牧羊人，重新回到了皇宫。

到城门口时,他发现城墙上贴着一张红榜,国王正在许以重金招聘厨师。厨师就揭了皇榜前来应聘,这时候他已容貌大变,没人认得他了。

国王吃过他做的饭菜后,龙心大喜,马上召这位厨师觐见。当厨师站在国王面前时,国王看了许久才发现他是自己以前的御厨。

国王非常好奇地询问对方是怎么治好手上的病的。厨师据实相告,跟国王聊起了自己的流浪生涯,他告诉国王,很有可能是绵羊毛使自己手上的红肿消退了。

这时候,销售员话锋一转,说道:"我们就是受这个故事的启发,生产出了绵羊油。"然后很自然地进行产品推销。

故事营销是说服别人最好的工具,一个好故事可以将品牌形象、品牌特性、企业文化完美地结合起来,让人们在消费的时候可以产生无穷无尽的遐想,进而征服消费者的心,使对方愿意为其买单。

海尔的张瑞敏就是故事营销的行家。我们所了解的海尔大部分是从"洗土豆的洗衣机""厂长用大锤砸不合格的电冰箱""海尔模式激活休克鱼"等"海尔兄弟"的故事中得来的。正是因为有了这些故事,才让我们记住了海尔。而这些故事,大多都是由张瑞敏自己讲出来的。

张瑞敏曾经说过:"提出新的经营理念并不算太难,但要让人们都认同这一新理念,那才是最困难的。我常想:《圣经》为什么在西方深入人心?靠的就是里面一个个生动的故事。推广某个理念,讲故事可能是一种方式。"

这是一个信息泛滥的时代,人们对各种各样的包装盒广告轰炸感到麻木甚至反感,但人人都喜欢听故事,所以故事营销成了新时代的制胜武器。那么,究竟怎样才能玩好故事营销呢?

1. 故事要讲出品牌的独特个性

随着人们消费观念的转变,消费者购买某产品不仅是因为它的使用价值,更多的是它给消费者带来的满足感。所以,我们在讲故事的时候,要将品牌紧密地联系起来,用精彩的情节描绘出品牌的独特个性,才能保证吸引消费者的眼球。

2. 故事的内容要有戏剧冲突

自艺术诞生之始,无数的导演、作家都在用不同方式表现作品中的矛盾和冲突。可以这样说,剧情冲突是故事的基础,是展现人物性格和品牌形象的重要手段。所以,我们只有设置好充满张力的戏剧冲突,才能让消费者在跌宕起伏的情节中感受故事带来的震撼。

3. 保证故事的整体性

保持整体性是确保故事能够吸引人的基础,因为只有整体的故事才能准确、完整地表现出品牌的内容,才能发挥出它的全部价值。如果仅仅展示一部分内容,会让故事变得碎片化,分解消费者的吸引力,讲故事的人也很难达到自己的目的。

4.寻找恰当的切入点

一般情况下,讲故事的目的,就是为了打动对方的心,所以,切入点应该放在能够突出这一目的和功能的地方。只有找到了正确的切入点,才能顺利地解决问题。相反,如果你找错了切入点,那么问题有可能会变得更加复杂,反而不利于营销。

突出故事的主题

每个人做每件事都有目的,这个目的就是"主题"。写文章的时候,我们要确立文章的中心思想;旅行的时候,我们要设计旅游线路;办年会的时候,我们要突出年会的主题意义……

但是,在讲故事的过程中,我们却常常出现故事内容和我们的主题背道而驰的情况,这时候就需要及时转变方向,回到主题上来,只有这样,故事才算是有效的故事,交谈才能实现交谈的目的。

一名股票销售员去客户家拜访,这位客户非常顽固,不管销售员怎么舌灿莲花,就是不为所动。于是,销售员灵机一动,讲了这样一个故事:

有一个富翁要出国旅游,就叫仆人们来了,把他的家产交给他们。

由于每个人的能力不同,富翁给他们银子的数量也不同。一个给了五千,一个给了两千,一个给了一千。他说:"管理好我的财产。"就去旅游了。

领到五千两银子的那个仆人心思活泛,马上拿去做买卖,另外赚了五千;领两千的那个也不甘人后,同样赚了两千;但那领一千的,却挖个洞,把主人的银子藏起来了。

几年后,富翁回来了,把仆人们叫到面前算账。领到五千的那个,连本带利把一万两银子交给主人,说:"您交给我五千银子,请看!我又赚了五千。"主人说:"好!这件事你办得不错,以后我会把更重要的事交给你。"

那领两千的说:"主人啊!您交给了我两千银子,我也赚了一倍。"主人说:"好!你在我委派的小事上忠心,我以后会让你参与到我的生意中来。"

那领一千的也来说:"主人啊!我知道您一向非常严厉,所以我就没敢动您给的银子,而是把它们偷偷埋起来了,现在您原封不动地拿去吧。"主人骂道:"你这个又坏又懒的家伙!你应当把我的银子拿去放贷,到我回来的时候,可以连本带利收回。"于是,主人夺过了那一千两银子,把仆人赶走了。

故事讲完了,销售员语重心长地说:"《圣经》里写道:'因为凡有的,还要加倍给他,叫他富足有余;没有的,连他所有的,也要夺过来。'钱要是闲置起来,就是一堆废纸;只有把它放到正确的位置上,它才发挥出它应有的价值。您愿意做那个富翁的第几个仆人呢?"

客户听了这个故事后,感触良多,最终买了销售员的产品。

任何一个故事都要设定相应的主题,在这个案例中,销售员的主题是"让客户的钱生钱",所以他构建的这个故事也是以"钱"为主题的,而且自始至终都没偏离这个主题。

唐代大诗人杜甫在《前出塞》诗中有两句脍炙人口的名言:"射人先射马,擒贼先擒王。"做事情要抓住关键,处理问题要抓住矛盾,同样,讲故事也要紧扣主题,只有瞄准目标,才能击中要害。

著名的房地产商、SOHO董事长潘石屹曾经在清华大学讲过自己的少年经历,并讲了这样一个故事:

"大约是1970年,我的家乡甘肃遭受了大旱灾,出现了饥荒,村子里的许多人都去陕西逃荒了。我们家没有加入逃荒的队伍中去。这一年,我的小妹妹出生了,但没有奶吃。为了让她活下来,父母不得不把她送给别人家。父亲找到邻村一户有奶羊的人家,准备把妹妹送给他们家。他们家来人抱走我的妹妹时,给我们家送了包饼干。妈妈用床比较新的被子把妹妹包好,这时全家人都哭了，除了父亲。他对来人说：'这孩子长大后，一定要让她上学。'我对妈妈说：'被子也送人了，晚上我们盖什么？'妈妈说：'就让这床被子陪着你妹妹吧。'

"……我们家的日子都很艰难。我们几兄妹都是断断续续地在上学。妈妈病重的时候，我的学业也中断了三次。每次重新回到教室见到同学们老师们时，我都非常高兴。村上的邻居常对我父母说：'你们读了这么多的书，还不是照样受罪？你们家现在是村子里面最穷的，为什么还要让小孩上学呢？回家帮你们做点事情，哪怕是到地里捡点野菜也好。'但父母一直坚持让我们上学，这种坚持从来没有动摇过。

"现在来看，是知识和教育改变了我家每一个成员的命运，也改变了我们家庭的命运，我们家再不是村子里面最穷的一户人家了。"

在这个故事里面，潘石屹讲述的主题是"教育"，所以他在传达思想、传递感情的时候一直都在紧紧围绕着"教育"展开，所有的元素都是为"教育"这个主题服务的，也都密切贴合这一主题。

英国著名的哲学家洛克曾经说过："一个理性的动物，就应该有充分的果断和勇气，只要是自己应该做的事，不应因里面有危险就退缩；当他遇到突发的或恐怖的事情，也不应因恐怖而心里慌张，身体发抖，以致不能行动，或者跑开来去躲避。谈话中，'跑题'是非常常见的,但是要纠正也不难,因为我们都是理性的动物。"

主题是故事的灵魂,一旦偏离了主题,故事就会变得索然无味,失去原有的意义。所以,如果你在讲故事的时候发现自己"跑题"了,就一定要及时约束自己,一步步把主题"拉"回来。

好故事总是能引起共鸣

为什么有些故事会被一代代传颂下来,而有的故事很容易被人忘却?

原因很简单,好的故事不仅能够传递信息,而且能够引起人们的情感共鸣。故事往往通过一些起伏波折的情节,来带动人的思想交流,所以,好的故事能够引导、启发人的情感共鸣,让对方在不知不觉中受到感动,从而达到说服的目的。

对于很多人来说,讲故事并不复杂,但如何讲好一个故事,却让很多人大费脑筋。好的故事是有血有肉有灵魂的,它能够触及你心底最柔软的地方,让你不知不觉跟着故事的情节走。

李强的儿子正处于叛逆期,整天沉迷游戏,连学也不想上了。

李强跟他讲了很多大道理,可对方就是听不进去,不但听不进去,反而时时刻刻躲着李强,这让李强很苦恼。

有一天,李强开完家长会,跟儿子去学校门口的一家面馆吃面。儿子这次成绩很不好,李强训了他两句,没想到他立马还嘴,气呼呼地说他打算退学了。

这时候,李强看到旁边有个老奶奶带着孩子吃面,他忽然灵机一动,给儿子讲了一个故事:

中午的吃饭高峰期终于过去了,原本人声鼎沸的小吃店,客人都已散去。老板正要喘口气喝喝茶的时候,有人走了进来。那是一位老奶奶和一个可爱的小男孩。

两人衣着破旧,但洗得干干净净。落座之后,老奶奶问道:"一碗牛肉面多少钱?"然后她小心地掏出怀里的手绢,数了几张零钱放在桌子上。

热气腾腾的牛肉面做好了,老奶奶将碗推向孙子面前,小男孩咽了咽口水,问奶奶:"奶奶,您真的吃过饭了吗?"

"当然啦,我吃得饱饱的!"老奶奶拍着肚子笑着说。不一会儿,一碗牛肉面就见底了,小男孩满足地抹了抹嘴上的油渍,打了个饱嗝。

老板看到这个情况后,走到他们面前说:"老奶奶,恭喜您,您今天运气真好,是我们的第一百个客人,所以这碗面不要钱。"

祖孙两人又惊又喜,千恩万谢地走了。

　　过了好几个月,老板忽然发现那个小男孩蹲在面馆门口好像在数什么东西。仔细一看,老板顿时被吓了一跳。

　　原来,小男孩拿了一个破缸子,每当有人走进店里,他就给缸子里丢一个小石子。但是吃饭时间早就过了,缸子里却连五十个石子都不到。

　　老板马上给他的老顾客、老朋友打电话:"在干吗呢? 没什么事的话来我店里吃碗面,我请客。"慢慢地,人开始多了起来,小男孩缸子里的石子也越来越多了。

　　当第九十九个石子被小男孩丢进缸子里后,他连忙搀起了身边的老奶奶,拉住她的手进了面馆。"这次换我请客了,奶奶。"小男孩得意地说。

　　老板连忙端上来一碗热气腾腾的牛肉面,小男孩绅士地推到奶奶面前。

　　"怎么不给小男孩也送一碗啊?怪可怜的。"朋友们对老板说。

　　"不用,他在学习不吃东西也会饱的道理哦!"老板说。

　　奶奶一边津津有味地吃牛肉面,一边问小男孩:"你真的吃过饭了吗? 要不要给你留一些?"

　　"不用,我吃得饱饱的,奶奶您看!"小男孩拍着他的小肚子说。

　　故事讲完了,李强抬起头看了看儿子,发现他不知何时已经泪流满面。

　　两个人之间，很难一开始就产生共鸣，所以你必须通过一定的方法使对方对你产生兴趣。讲故事就是一个很好的方法，故事所激发出来的力量，远远大于任何沟通手段，因为好的故事总是能够直抵人的内心深处，引发人的感情共鸣。

　　在讲故事的过程中，我们千万不要沉溺于自导自演的自我陶醉当中，而应该时时刻刻观察对方的情绪变化，让对方从内心深处认同你的故事，通过故事让对方进入对你有利的情境中去。

　　一个会讲故事的人，往往会按照故事情节的发展来控制自己的情绪。比如在故事开始的时候，会显得比较冷静，娓娓道来；随着剧情的发展，情感投入会渐渐加强，情绪也随之慢慢高涨；到故事高潮的时候，情绪及感情都进入一个高潮期；在结尾的时候，又逐渐抑制自己的感情，直至慢慢平复。所以，一个讲故事的高手，会将听众带入身临其境的感觉之中，让对方的情绪随着剧情的变化而变化，直至达到说服的目的。

如何让你的故事更令人信服

美国的一位心理学家曾经做过一个实验:在给一所著名的学府里的学生们讲课时,向他们介绍一位从国外请来的德语教师,说这位德语教师是非常有名的化学家。

在测试中,这位"化学家"一本正经地拿出了一个装有蒸馏水的瓶子,说这是他最近才发现的一种化学物质,带有一种淡淡的气味,让学生们闻到气味时就举手,结果大多数学生都举起了手。为什么对于无色无味的蒸馏水,很多人都认为它有气味呢?

这是因为在人群中存在着一种社会心理现象——"名人效应"。所谓"名人效应",是指依靠名人的影响力来达成引人注意、增强宣传效果的效应,或者是人们模仿名人的心理现象的总称。

"名人效应"的普遍存在,首先在于人们心里总存在"权威暗示",即人们总认为名人往往是永远正确的,听从他们会使自己安全感爆棚,增加不会出错的"保险系数";其次是由于人们有"荣誉心理",当自己的做法和名人相一致时,会得到各方面的赞许和奖励。

而在现实生活中,巧借名人的影响力来推销自己的产品,将会拥有很大的优势:

1.将人们对名人的关注点转移到产品上,提高产品的影响力和关注度;

2.利用人们对名人的盲目崇拜,让对方爱屋及乌,增加产品的喜好度;

3.通过名人的个人魅力,强化产品的品牌形象,从而增加产品的信誉度和销量。

徐嘉是某化妆品公司的销售员。一天,他去拜访一个客户。对方是个非常谨慎的人,所以徐嘉在向客户介绍产品的时候,讲解得特别详细。

但是,不管徐嘉怎样解释,对方还是对产品的质量半信半疑。于是,徐嘉又给对方提供了一份产品的市场调查报告,徐嘉很是自信,因为他们公司的产品销量确实非常好,在市场上也有一定的名气。

同时,为了彻底让对方打消顾虑,徐嘉还出示了一份曾经使用过本产品的客户名单。对方盯着名单看了一会儿，忽然眼睛亮了起来："张涵，这是那个著名歌唱家张涵吗？""是的！"徐嘉笑着说。"连他也买你们的产品！那我还有什么好怕的？"对方终于消除了疑虑，很放心地购买了他的产品。

这就是"名人效应"的巨大作用。人们对名人总是有一种盲目的崇拜心理，我们不仅渴望从名人身上学到智慧，还会去效仿名人的一切，模仿歌星的穿衣打扮，模仿球星的发型，模仿歌手的时尚品位……

纵观世界上很多成功的企业，他们在打造自己的品牌时，基本都采用了两种方法。一是依靠庞大的宣传团队频繁地投放广告，开发粉丝和消费群体；二是使用一条捷径：邀请名人代言。

在讲故事的过程中，如果我们能巧妙地运用名人效应，借助名人的影响力和强大的传播能力去宣传你的产品，你就能取得意想不到的效果。

2008年，奥巴马成功当选为第56届美国总统。他当上总统后，曾经多次表示，自己非常喜欢位于芝加哥海德公园的老房子，等退休之后，他会带着家人在那里安度晚年。

这个消息可把奥巴马的老邻居比尔高兴坏了，能和美国总统做邻居，这是多么光荣的事啊！于是，比尔决定马上卖掉自己的房子。他的这栋房子超过 600 平方米，拥有 17 个房间，非常宽敞。更重要的是，奥巴马曾经数次来此做客，还在他家的壁炉前拍过一张照片。比尔相信，有了这些噱头，他的房子一定能卖出个天价。

然而，让比尔大失所望的是，前来看房的人虽多，却没有一个人愿意购买。原来，人们担心买了他的房子之后，就会处处受到监控。奥巴马虽然去了白宫，但这里依然有很多特工在保护奥巴马的其他家人，附近的街道上也都被密集的摄像头所覆盖。只要出了家门，就处处受到监控。更要命的是，等奥巴马再回来住时，无数的记者肯定会蜂拥而至。到那个时候，邻居们的生活一定会受到更严重的干扰。

就这样，过了很长时间，房子依然没卖出去，比尔非常着急。正在这时，一个叫丹尼尔的年轻人找到了比尔，说愿意买他的房子。

但问题是，丹尼尔没有那么多的钱。最后两人商议决定，丹尼尔先付 30 万美元，然后每月再付 30 万美元，5 个月内共付清 150 万美元。比尔非常高兴，几十年前他买下这套房子时，只花了几万美元，因此还是赚了。

接下来，丹尼尔将这套房子抵押给了银行，贷了一笔款，然后将它改造成了幼儿园。这样一来，那些过于严密的监控就显得很有必要了。这个跟奥巴马老家挨着的幼儿园，成了全美国最安全的幼儿园，无数富豪都想把孩子送到这里来。

为了提高幼儿园的知名度，丹尼尔还请了不少名人来给这里的孩子们上课。这些名人中有很多是黑人，他们对奥巴马的当选感到非常骄傲，也很乐意来这儿讲课。

第一个月，丹尼尔轻轻松松就赚了30万美元，支付了第一笔房租。两个月后，奥巴马突然回到老家，并看望了一下他的邻居们，这一下，丹尼尔幼儿园更加出名了。越来越多的人想让自己的孩子来这儿受教育，甚至不惜多掏几十倍的学费。

幼儿园超高的人气，也使得无数广告商挤破了头联系丹尼尔，想在幼儿园的墙体上做广告。但丹尼尔一概拒绝了。

5个月过去了，丹尼尔早就赚足了150万美元的房款，并且在2010年年末如愿以偿地成了百万富翁。

在现实生活中，人们利用"名人效应"的例子有很多：参加辩论会的时候，很多人会引用名人语录；出新产品后，很多商家都会聘请名人代言此产品。在人际交往中，利用"名人效应"，还能够改变对方的态度以达到自己的目的。

"名人效应"常常会带来一系列盲从的问题，但是对于讲故事的人来说，这却是一个很好的手段，通过"名人搭台你唱戏"的方式，可以快速地扩大产品的影响力，并赢得他人的信任。

第七章 一切从赞美开始

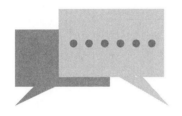

巧用赞美,拉近距离

如同"爱美之心人皆有之"一样,赞美之词也人皆爱之。赞美是对别人成就的认同,也是对别人人格的肯定。恰到好处的赞美,哪怕是简简单单的一句话、一个眼神、一个小动作,都能产生意想不到的后果。

从人际交往的角度来说,赞美是一种非常高超的技巧,能迅速缩短人与人之间的心理距离。高情商的人在与人交往的时候,总会根据场合需要恰当地赞美对方,从而缩短双方的心理距离。

马克·吐温有一句名言:"我接受了人家愉快的称赞之后,能够光凭着这份喜悦生活两个月。"的确,称赞、恭维之词是令人畅快无比的。如果你用真心去赞美一个人的话,说明你发现了对方的优点或是可爱之处。人都有一种虚荣心,希望自己在别人面前能够引人注目,所以,如果你发自肺腑地赞美别人,别人自然也就会高看你一眼。

销售员杨子桓敲开了一家网络公司总经理办公室的门。当看到总经理时,他脸露微笑,并深深地鞠了个躬。总经理笑着站起身来,同他握手。

杨子桓:"总经理,您好,我是销售员杨子桓,请您多多指教。"

总经理:"好说,好说,你请坐吧!"

杨子桓:"您能在百忙之中抽出时间和我见面,我十分感动。"

总经理:"不用客气,我也很荣幸见到你。"

杨子桓:"在拜访您之前,我特意关注过贵公司。在您的领导之下,贵公司已经俨然成为这一行业的领头羊了!我浏览过贵公司的网页,知道您非常注重网络营销,现在很多客户都从网上购买产品了。您这个方式很超前,值得很多人学习。"

总经理:"这一点倒没错,随着人们观念的转变,很多客户都开始从网上来寻找自己需要的产品,我们做自己的网站的目的是满足客户在网络上查询和了解自己需要的产品,提高我们的销售效率。"

杨子桓:"嗯,您的理念很有预见性,在这座城市里,恐怕没有公司在网络营销方面超过贵公司了。我这儿有一个很好的网站推广方案,这个方案可以使客户对您的产品产生极大的兴趣,这样不仅能提高销售额,也有很好的广告效应,使您公司及您的产品迅速扩大知名度。"

总经理:"哦?你说说看,我对这个挺感兴趣的。"

赞美的力量如此神奇,主要是因为赞美极大地满足了对方的自尊心。当今社会,会说"漂亮"话的人,办事容易,到哪儿都受欢迎。每个人听到别人赞美的话,心中难免窃喜,脸上堆满笑容,口里却说:"您这是过誉了,我哪有这么优秀!"事后回想,明知对方所讲的可能是恭维话,却还是没法抹去对对方的那份好感。

赞美是连接心灵的桥梁,是鼓舞他人前进的动力,它能够温暖人心,表达和善和真诚,使对方的劳动价值得到充分的肯定。但如果你的赞美不是发自内心,或者没有一定的依据和真实性,也很难打动对方。那么,该如何真诚地赞美他人呢?

1.从形象赞美

每个人的形象都不尽相同,如果你能够给予对方适当的取长补短的赞美,就能极大地凸显赞美的真实性,让对方感动的同时也对自己充满自信,从而接纳你的赞美。

2.从行为赞美

一个人的所作所为通常伴随着他的个人魅力,从这一方面给予对方适当的赞美,不仅能让对方感到自己受重视,而且能让对方矫正自己的行为。

3.从能力赞美

每个人的职业不同,对社会的贡献也不尽相同,所以人人都有已经凸显或可待挖掘的能力,这样的赞美会使对方更加有动力投入工作当中去,做出更大的贡献。

4.从心态赞美

不同的人生决定不同的心态,心态是一种对待事物的态度,当一个人在心态上对自己有一定的认知时,给予适当的赞美,可以让对方认识到自己的优越,从而调整心态,增加处世的积极性。

5.从意志赞美

意志是指一个人在确定目的后,充分地调节各方面的条件,克服种种困难,从而实现目的的能力。一个意志薄弱的人,往往会半途而废,难以恒久。当一个人能够坚持到最后并获得成功时,这种强大的意志就是值得赞美的事情。这样的赞美也能给予对方信心,让对方保留好他的优点。

适度的赞美不仅是化解陌生的良药,更能够打开一个人的心扉。虽然当前的社会里处处充盈着奉承、浮华的赞美,但是人们仍希望能够得到别人真诚的肯定和赞美。

刘伟卓是某图书公司的推销员,他曾自信地说:"我能让任何人买我的图书。"其实,他推销图书的秘诀很简单,就是非常善于赞美对方。

有一天,他出去推销书籍,遇到了一位气质非常高贵的女士。那时候,刘伟卓的"赞美"法宝用得并不熟练。刘伟卓恭维了半天,对方就是不为所动,并冷淡地说:"我知道你们这些销售员很会拍马屁,专挑好听的说,不过,我是不会听你的鬼话的,你还是去忽悠别人吧。"

刘伟卓微笑着说:"是的,您说得很对,销售员是专挑那些好听的词来讲,我还是很少碰到像您一样的客户呢,我感觉您特别有自己的主见。"

这时,刘伟卓发现,对方的脸已由阴转晴了。她问了刘伟卓很多问题,刘伟卓都一一做了回答。最后,刘伟卓又开始赞美道:"您的穿衣打扮凸显了您高贵的气质,您的言辞反映了您敏锐的头脑,而您的冷静又衬出了您的个性。"

女士听完后,愉快的心情由内而外地散发出来,很爽快地买了一套书籍。而且后来,她又在刘伟卓那里购买了上百套的图书。

后来,随着推销图书经验的累积,刘伟卓总结了一条人性定律:没有人不喜欢被赞美,只有不会赞美别人的人。

一天,刘伟卓到某家公司推销图书,员工围上来选了很多书,正要准备付钱,忽然进来一个人,大声嚷嚷道:"这些书跟垃圾有什么两样,要它干什么?"

刘伟卓正准备向他解释,他接着就甩过来一句话:"你这一招在我这儿不好使,我肯定不会要,我保证不会要。"

刘伟卓饶有兴趣地盯着对方看了半天,才不紧不慢地说:"您说得对极了,您怎么会要这些书呢?见您第一眼我就看出来了,您读过很多书,文化素养很高,很有气质,您的弟弟妹妹一定会以您为荣的。"

对方眼睛一亮,立马问道:"你怎么知道我有弟弟妹妹的?"

刘伟卓回答:"当我看到您时,您给我的感觉就有一种兄长的风范,我想,谁要是有您这样的哥哥,那他真是太幸运了!"

接下来,刘伟卓和对方侃侃而谈了十多分钟。最后,那位先生以支持刘伟卓这位兄弟工作为由,为他自己的弟弟买了五套书。

刘伟卓在当天的日记中写道:"其实,我很清楚,只要能够跟我的顾客聊上三分钟,他不可能不买我的图书。因为,无论做人还是做事,要想改变对方的想法,最有效的方式就是恭维。"

同时,刘伟卓也写下了又一条人性定律:"人是感情动物。若一个人的感情被真正调动了,那么,他想拒绝你都难。而要想迅速控制一个人的感情,最直接、最有效的方法就是真诚的赞美。"

托尔斯泰说:"就是在最好的、最友善的、最单纯的人际关系中,赞美也是必要的,正如润滑剂对轮子是必要的,可以使轮子转得更快。"吝啬赞美,很可能让你失去一位真心朋友;多一些赞美,生活将会变得趣味盎然。

事实上,我们的聊天对象身边的一切都可以成为赞美的话题。他的长相、衣着、举止谈吐、风度气质、才华成就、家庭环境、亲戚朋友……只要你觉得对方有值得赞美的地方，就要立即说出来，不要因为自己磨不开面子而错失良机，尤其是在形势对你不利的时候，更不能丢掉赞美这个武器。

不同的人用不同的赞美方式

中国历史上极富神秘色彩的传奇人物，著名的思想家、谋略家、兵家、纵横家鬼谷先生曾经精辟地总结出与各种各样的人交谈的办法："与智者言依于博；与博者言依于辨；与辨者言依于要；与贵者言依于势；与富者言依于高；与贫者言依于利；与贱者言依于谦；与勇者言依于敢；与过者言依于锐。此其术也。"

这段话的意思是："与有智慧的人交谈，要依靠见识的广博；与博文广识的人交谈，要凭借犀利的言辞和灵巧的技巧；与善于辩论的人交谈，要懂得简明扼要一击必中；与高贵有地位身份的人交谈，要懂得借力打力；与富有的人交谈，要用大格局、大视野讲出大道理；与贫穷的人交谈，要剖析利益；与身份地位卑微的人交谈，要语气谦和；与勇敢的人交谈，要果敢刚毅；与反应慢的人交谈,要言辞锐利。这就是说话的方式。"

有些人认为,"见什么人说什么话"是虚伪的表现,其实这是一种带有偏见的理解。大千世界,每个人的思维方式、处世哲学、脾气秉性各不相同,所以,不能用统一的说话方式来交流。

古代有个读书人,说话总是文绉绉的,喜欢咬文嚼字。一天晚上,他睡觉被蝎子蜇了一下。于是他推了推身边妻子说:"贤妻,速燃银烛,尔夫为虫所袭!"他一连喊了好几遍,妻子丝毫不为所动。

于是,他提高了嗓门:"其身似琵琶,尾如铁锥。贤妻呀,快点烛查看这是何物? 痛煞我也!"见妻子依旧没有反应,自己实在疼得受不了了,一气之下,冲妻子吼道:"孩子他妈,快来看看,蝎子蜇我了!"

在生活中,我们常常会碰到这样的人,他们虽然费尽心机去赞美别人,却往往无法博取对方的好感。这主要是因为赞美的时候没注意赞美对象,结果导致适得其反。那么,怎样才能让别人感觉到你真诚的赞美而愉快地接受呢?

1. 赞美陌生人

在生活中,我们的沟通范围,不可能局限于自己熟悉的人和环境。事实上,我们每天都在接触各种各样的陌生人。那么,该怎样用恰当的语言赞美陌生人呢? 且看王熙凤的手段:

《红楼梦》第三回中说到,林黛玉离开老家来到京城,小心翼翼走进荣国府时,王熙凤的几句话就展现了她非凡的赞美手段。先是"未见人先闻话":"我来迟了,不曾迎接远客!"还没露面,就给人以热火朝天的感觉。随后拉过黛玉的手,仔仔细细打量了一回,笑着说:"天下竟有这样标致的人物,我今儿算见了!况且这通身的气派,竟不像老祖宗的外孙女儿,竟是个嫡亲的孙女儿,怨不得老祖宗天天口头心头一时不忘。只可怜我这妹妹这样命苦,怎么姑妈偏就去世了!"这一番话,既让贾母悲中带喜,又叫林黛玉情难自禁。而当贾母怪她不该再让林黛玉再伤心时,王熙凤话头一转,又说:"正是呢!我一见了妹妹,一心都在她身上了,又是喜欢,又是伤心,竟忘了老祖宗。该打,该打!"这一番话,将初次见到林黛玉时的又悲又喜又爱又怜的情绪,表现得惟妙惟肖。

2. 赞美长辈

现在的很多年轻人说话都很随意,即便面对长辈也是如此,这往往会令长辈心生恼怒。而如果你能放低自己的身段,改变自己的说话方式,交流的结果就会大大不同。比如,一位长辈根据自己多年的经验,发明了一个对生活大有帮助的"小创意",你用起来感觉很省时省力,连忙说:"您老真聪明啊!"这虽然是一句赞美之词,但用在长辈身上就不合适了。如果你说:"您老的这个想法真好!我怎么没想到呢!"其结果就大不一样了。

3. 赞美同事

在生活工作中,除了家人,跟我们接触时间最长的就是同事了。所以,对同事给予恰当的赞美,不仅能推动同事之间的友谊,还能为我们的生活增添色彩。

在赞美同事的时候,有一个很重要的原则:赞美要落地。在长期的交往中,我们很容易发现对方的优点和长处,以这个点为赞美的由头,是非常有效的。比如,你可以这样告诉同事:"你的PPT做得真好,特别是对版面的设计,我是万万达不到的。"

4. 赞美领导

领导是有身份、有权力、有地位的人,在赞美领导的时候,我们的态度一定要尊敬,还要不卑不亢、适可而止,既不显得卑贱,又不露阿谀奉承之态,让领导感觉你的话情真意切,听来心旷神怡。

说话要看对象,赞美更要看对象。在交际场合,人的素质有高低之分,性别有男女之分,年龄有长幼之分,只有根据不同的人采用不同的赞美方式,才能收到良好的效果。

把握好赞美的尺度

鲁迅先生在散文诗《立论》中有这样一段描述：

一户人家生了一个男孩，合家高兴透顶了。满月的时候，抱出来给客人看，大概自然是想得一点好兆头。

一个说："这孩子将来要发财的。"他于是得到一番感谢。

一个说："这孩子将来要做官的。"他于是收回几句恭维。

一个说："这孩子将来是要死的。"他于是得到一顿大家合力的痛打。

说要死的必然，说富贵的许谎。但说谎的得好报，说必然的遭打。

这段文字正好说明了人们对于赞美的态度。所谓"良言一句三冬暖，恶语伤人六月寒"，恰到好处的赞美不仅是情商的最高行为,更是建立良好关系的桥梁。虽然当前的社会里处处充盈着奉承、浮华的赞美,但是人们仍希望能够得到别人真诚的肯定和赞美。

每个人都有去服装店买衣服的经历,当你试衣服时,肯定会受到销售员的赞美:"哇,真漂亮!穿起来非常合身,时尚、大方、有风度。你比以前年轻了好几岁。"本来你是不想买那件衣服的,却买回来了。

隔日,你兴高采烈地穿着新衣服去上班,想在同事面前"秀"一下。可是穿了不到半天,某条缝线断了,裂开了一个洞。这时候,你才晓得上了当。

当然,赞美并不是可以毫无顾忌,而应该把握好分寸,如果你言不由衷,脱离事实,驴唇不对马嘴,不仅不会打动人,还有可能让关系恶化。

某公司年会后相约到KTV里唱歌,市场部经理在"献唱"时,调跑得非常厉害,连他自己都不好意思了,红着脸摆摆手说:"哎呀!唱得太难听了,污染各位的耳朵。"

这时,有一个员工站了起来,拍马屁道:"哪里,哪里,唱得非常好呢!很有张国荣的味道!"

该经理听了,不但没高兴,反而一脸憋闷,不冷不热地说:"我还是有点自知之明的。"弄得那个员工非常尴尬。

适度的赞美,的确能够影响别人的心态,为自己的成功铺路。但若是跟上个案例中的员工一样,赞美的言语太过夸张,则往往会适得其反,让对方产生误会。

赞美可以适度地放大对方的优点,但不能凭空捏造,一定要从事实的根据出发,做到有理有据,才能体现可信度。否则,即便你将对方夸得再天花乱坠,对方也会认为你是虚情假意、刻意恭维。

说赞美的话是一门很高超的学问,不是所有的人都能把赞美的话说到恰如其分。赞美要懂得适可而止,更要注意技巧,在让对方欣然接受的同时,还不会让对方感到言过其实。

西部商保建筑公司承包了一项建筑工程,并协商好了完工日期。一开始,工程进行得很顺利,不料在接近完工阶段,负责供应室内装修材料的厂商却宣布,他们无法按期交货。

不管西部商保建筑公司商务部的杨文清怎么在电话里和对方沟通、辩论甚至进行激烈的争执,但都没有一点用处。于是,杨文清决定亲自前往该公司进行交涉。

一走进装修方经理的办公室,杨文清就大声说:"你知道你的姓在上海是独一无二的吗?"对方愣了愣:"不知道。"

"是这样的,"杨文清说,"今天早上我查资料时,忽然发现你的姓很奇特,我问了很多人,他们都没听说过这个姓。"

"那是,我这个姓是古代皇族的姓氏,是从春秋时代的姬姓演变而来的。"经理自豪地说。

"原来是皇族之后啊!那就难怪了,我最崇拜的人就是周武王姬发了!"

"真的吗?我也是他的粉丝!"经理显得很高兴。

说完这些后,杨文清便开始赞美他有那么大的一个工厂,并且比他曾参观过的几家同样的工厂都要好。"这是我所见过的最整洁的一个厂区。"杨文清说。

"那当然,这个厂子花费了我半辈子的心血。"经理说,"对此我感到很自豪。那么,你愿意参观一下我的工厂吗?"

在参观过程中,杨文清又赞扬了工厂的管理组织系统,并告诉经理,为什么这家工厂看起来要比他的竞争者们好,以及好在哪里。

一直到中午,杨文清对自己此行的访问目的还只字未提。

两人愉快地用完午餐后,经理说:"现在该谈谈正事了,我知道你来的目的是什么,但我没想到咱们的聚会会如此愉快。我现在就保证,即使其他生意我不得不延迟,你的材料我也一定会保证按期做好并运到的。"

赞美是社交礼仪中很重要的一项,尤其是当双方初次见面时,互相都会有很强的戒备心理,有人甚至表现得非常傲慢。这时候,只要你给自己交往的对象尽可能多的赞美,对方一定会非常高兴,从而清除防备的心理。

然而,赞美绝对不是阿谀奉承、夸大其词,一旦赞美过头就变成了吹捧,这样一来你不但享受不到赞美所带来的喜悦,反而可能会吞下尴尬的苦果。

所以,赞美一定要发自内心,不要不痛不痒也不要太夸张。使用太多的华丽辞藻,过度的夸张、空洞的恭维,很容易让对方产生谄媚的印象,甚至会认为你是在挖苦他,时间一长就会导致你们关系的破裂。

巧借第三者之口赞美对方

人其实是一个很矛盾的生物,一方面喜欢听好话,喜欢得到别人的赞美与肯定,一方面又不喜欢别人当面夸自己,老觉得面对面的夸奖显得太假。基于这一心理,当我们不好意思当面赞美别人时,不妨拐个弯,借第三人之口夸奖对方,来润滑自己的人际关系。

在很多人的观念中,第三者所说的话往往比较公正、客观,因此,一个懂得赞美技巧的人往往会巧用间接赞美,借第三者的口吻来夸奖对方,如此更能赢得被赞美者的好感和信任。

巧借第三者之口夸奖对方,能极大地凸显出说话者的"度量"和"真诚",有事半功倍之效。假如你的一位同事跟你说:"某某曾在私底下告诉我,他很欣赏你的人品!"相信你的荣誉感会瞬间爆棚,这比别人当面赞美你所收获的感动要多得多。

《红楼梦》中有这样一个情节:薛宝钗和史湘云力劝贾宝玉入朝做官,贾宝玉非常反感,对着二人说道:"林姑娘从来没有说过这些混账话! 要是她说这些混账话,我早和她生分了。"

就在此时,林黛玉正巧路过窗外,无意中听见贾宝玉说自己的好话,"不觉又惊又喜,又悲又叹。所喜者,果然自己眼力不错,素日认他是个知己,果然是个知己;所惊者,他在人前一片私心称扬于我,其亲热厚密,竟不避嫌疑"。

一向"冷若冰霜"的林黛玉之所以"又惊又喜",是因为贾宝玉在赞美自己的时候,根本就没想过自己能不能听到,这种好话不但是难得的,还是无意的。如果贾宝玉当着她的面说这番话,效果可就大不同了,好猜疑的林黛玉可能就会认为宝玉是在刻意讨好她。

在背后说别人的好话,对方就会认为你是打内心深处欣赏他,从而也会加深他对你的好感。

郭威和张鹏在同一家公司上班,两个人平时关系比较好。后来,因为一件小事发生了口角,两个人很长时间都不理睬对方。虽然每次见面时都非常尴尬,但因为自尊心太强的缘故,谁也不愿意先开口讲和。

一天,郭威看到一篇关于在背后夸奖别人的文章,于是有了想法。他在与办公室其他同事聊天的时候,趁张鹏不在,就对同事们说了几句张鹏的好话:"其实,我觉得张鹏这人挺不错的,他为人正直、仗义,每次我有难处他都对我伸出援手。如果没有他的帮助,我现在的工作也不能这么顺心,我在内心还是很感激他的。"

第二天,这些话就传到张鹏的耳朵里了。听到郭威的心声,张鹏心里不由得生出一丝愧疚,也想起了他们俩以前相处的一幕幕,于是,他找了个合适的机会,主动和郭威握手言和了。

由此可见,在背后赞美对方,远比当面恭维别人效果要明显好得多。如果你当面赞美对方,不免有恭维、拍马屁之嫌,而且这种正面的夸奖所产生的效果往往不是很明显。相反,如果你在背后说对方的好话,人家会认为你是发自真心的,他才会对你感激涕零。

所以,在与人相处的过程中,我们不妨用用这一技巧,在表达自己的想法之前,先让他从别人的嘴里听到你对他的评价,从而让他对你的人品大感折服。

第八章
懂幽默，跟任何人都聊得来

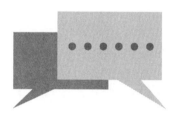

幽默,让沟通更畅通

我们常夸一个人风趣、幽默,即代表着这个人谈吐得体、风雅,使人感觉容易亲近,跟他在一起不会产生太大的距离感。

幽默是生活中最重要的元素,也是高情商沟通的重要标志。我们的生活需要幽默,工作需要幽默,人生更需要幽默。没有了幽默,生活将变得单调而灰暗,工作将变得刻板而无聊,人生将变得干枯而寂寥。

你是一个懂幽默的人吗? 如果你不清楚,可参考以下的小测试:

1.跟我交往的都是乐观开朗的人;

2.我的朋友们很欣赏我的口才,因为我一开口常常会带来笑声;

3. 我喜欢看小品、相声、漫画、戏剧等带有幽默元素的艺术;

4. 当我面对尴尬的处境时,会用开玩笑的方式来化解窘境;

5. 我很少冲别人发脾气,即便心里有结,也会暗示自己要想开;

6. 当我一个人的时候,常常想起可笑的事,并笑出声来。

如果你满足了4条以上的条件,恭喜你,你是一个风趣、幽默、口才出众的人,不管是人际沟通、商业谈判、职场处事,别人都会对你刮目相看,不管在哪一种场合,你都是最引人注目的焦点。

海尔电器推销员王万平天生身材矮小,为此他非常苦恼,每次上门推销时都感觉无比自卑,销售业绩也一直凄凄惨惨。

有一次,经理语重心长地跟他说:"身材高大的人,看起来相貌堂堂,在交流时容易获得别人的好感;身体矮小的人,在这方面要吃大亏。你我都是身材矮小的人,所以必须要学会拿身材开玩笑。"

经理的这番话让王万平深受启发。从那时起,他就以独特的矮身材,配上他精心设计的"笑料",在销售工作中,经常逗得大家哈哈大笑,觉得他可爱可亲。

比如他登门向客户推销电器时,经常有以下一些对话:

"你好!我叫王万平,是海尔电器的推销员。"

"哦！海尔电器啊？你们的人前几天还来过，我最讨厌你们这些推销员了，上次来的人就在我这儿吃了闭门羹！"

"是吗？不过，我比上次那位同事看起来顺眼多了吧！"王万平一脸正经地说。

"什么？上次那个老兄长得高大魁梧，哈哈，比你好看多了。"

"你这话不对啊！矮个子的人都是好人，辣椒是越小越辣嘛。俗话不也说人越矮，俏姑娘越爱吗？这话可不是我发明的啊！"

"哈哈，你这人真有意思。"

就这样，通过精心设计的"笑料"，客户很快就和王万平消除了隔阂，还给对方留下了深刻印象，生意往往就这样很快做成了。

"幽默"一词的发明者林语堂曾经说过："我很怀疑世人是否曾体验过幽默的重要性，或幽默对于改变我们整个文化生活的可能性——幽默在政治上、在学术上、在生活上的地位。它的机能与其说是物质上的，还不如说是化学上的。它改变了我们的思想和经验的根本组织。我们须默认它在民族生活上的重要。"

在生活中，无论是达官贵人还是寻常百姓，无论是邻里之间还是职场商场，幽默的表达方式几乎无处不在，它已成为一种健康的文化和艺术，是社交最重要的调味剂。

小段是一个相貌平平的大学生，但他平时说话非常幽默，大家也喜欢跟他交往。在他兼职做推销员时，有一次前去一家文化公司进行推销，但他一开始并没有说明自己的真正来意。

"你们需要一名才高八斗的编辑吗？"

"不要！"

"文笔犀利的记者呢？"

"也不需要！"

"印刷厂需要招人吗？"

"不，我们现在什么空缺岗位都没有！"

"哦！那你们一定需要这个东西了！"小段边说边从背包里取出一些精美的牌子，上面写着："额满，暂不雇人！"

幽默就是有如此神奇的效果，它能够创造一种轻松愉悦的氛围，使别人愿意和你接近，愿意和你相处；它还是你工作的必要添加剂，促使你更高效、更轻松地完成工作。因此，在工作中，如果你能充分运用幽默的语言去表达，必将获得非凡的效果。

然而，现实生活中并不是每个人都天生具备幽默感，很多时候幽默感都需要通过后天的培训来获得和加强。

首先，当你陈述某个观点的时候，不要急于抛出结果，应当沉住气，通过独具特色的说话方式和带有戏剧性的情节让沟通"活"起来，在最关键的观点表述之前，应当给听众造成一种悬念。

其次，当你抖包袱时，每一次停顿，每一种特殊的语气，每一个与之对应的表情，都应该帮助你加强语言的趣味性，使它们成为幽默的标点。

最后，一个典型的"幽默包袱"，一般都由制造悬念、渲染悬念、出现反转、产生突变等几个因素构成，将笑料通过一个个大反转表现出来，使听话者获得精神上的愉悦，呈现出笑的情感反映。

批评也可以这样幽默

批评，对于个人来说，是帮助别人矫正过失、改正缺点的有效方法，对于领导者来说，是管理团队的必备手段。高情商的人不仅善于表扬，更善于批评。当然，批评也是一门学问。俗话说："金无足赤，人无完人。"当犯了错误之后，很多人都会有自知之明，会进行深刻的自我反思，杜绝以后再发生类似的状况。不过，当局者迷，旁观者清，自己的反思再深刻，也远不如别人看得透彻。所以，当我们发现别人的错误时，在第一时间给予对方批评和指正，是非常有必要的。如果说赞美是一缕阳光的话，那么批评则是*丝丝甘霖*，二者相辅相成，缺一不可。

不过，有句老话讲得好："白脸好唱，黑脸难演。"生活中最难说的话，恐怕就是批评的话了。

一般情况下,批评的话之所以很难说出口,主要有以下两方面的原因:

首先,批评是对别人行为的攻击和思想的否定,被批评者基于自我保护的本能,一般都会表现出抵制情绪,所以,没有人天生喜欢被人批评。

其次,批评会伤及对方的自尊。对大多数人来说,批评往往会让人感觉沮丧,是对个人能力的质疑。尤其是公开的批评,被批评者往往会感到"面子上挂不住",如同脱光了衣服站在光天化日之下,恨不得找个地缝钻进去。即使对方的观点很有道理,为了顾及自己的"面子",被批评者往往也会反唇相讥。

既然批评这么难,那该怎样才能实现自己的规劝目的呢? 别急,幽默可以帮你解决这一难题。

富兰克林·罗斯福说:"幽默是人际沟通的洗涤剂。幽默能使激化的矛盾变得缓和,从而避免出现令人难堪的场面,化解双方的对立情绪,使问题更好地解决。"在很多时候,批评一个人不需要直接的批评,运用幽默的语言会更加有效,让对方铭记在心的同时,还不会对你产生反感。

有一个年轻人去城里倒卖香烟,他站在街头大肆渲染抽烟的好处。突然,有一个老人从听众中间走了出来,径直走向年轻人。

老人站在年轻人身边,大声说:"女士们,先生们,对于抽烟的好处，除了这位先生刚才讲的以外，还有另外三大好处！"

年轻人一听两眼放光，马上向老人道谢："您说得太对了！看您老出口不凡，肯定是学识渊博，还请您把抽烟的三大好处讲给大家听听吧！"

老人笑了笑，接着缓缓说道："第一，抽烟的人不怕狗，因为狗一见抽烟的人就连忙逃走。"人群中传来窃窃私语，只有年轻人暗暗高兴。

"第二，抽烟的人不怕小偷，因为小偷不敢偷抽烟者的东西。"众人连连称奇，年轻人更加高兴。

"第三，抽烟的人不会变老。"听众们个个都觉得奇怪，年轻人更是喜不自禁。

被吊足了好奇心的人们要求老人解释一番，老人摆一摆手，说："请安静，我给大家解释解释！"那个年轻人更是急不可耐，说："老先生，您就赶快讲吧！"

老人清了清嗓子，解释开来："第一，抽烟的人大多驼背，狗一看到他们还以为是在弯腰捡石头打它呢，你说它能不逃走吗？"人群中传来一阵哄笑，年轻人心里一凉，心道"坏了"。

"第二，抽烟的人夜里总是咳嗽连连，小偷进他家还以为他没睡着，所以不敢去偷他的东西。"人群中又是一阵大笑，年轻人冷汗直冒。

"第三，抽烟的人命短，所以没有机会活到老。"人群中又是一阵哄堂大笑。而就在此时，大家发现，那位年轻人已经溜走了。

这位老人的话一波三折、妙趣横生，既婉转地批评了这个利欲熏心的年轻人，又让听众意识到了抽烟的危害，可谓一举两得。

苏霍姆林斯基曾经说过："生硬的语言、粗暴的行为、强制的办法，这一切都会迫害人的心灵，使人对周围的世界和自己都采取漠然的态度。"所以，针对别人的错误与缺点，直接的批评显得太过生硬，极有可能引起对方的反感和反责。如果我们能用幽默的方式进行批评，在让对方会心一笑的同时，领悟到其中的道理，改正自己的缺点，才能够皆大欢喜。

陈福林是杂志社的主编，由于他经常跟不同职业的人打交道，所以非常注意批评人的分寸。

有一天，一位年轻人来到杂志社，拿着自己的手稿找到陈福林，说这是他最近创作的一篇散文，想在杂志上发表。

年轻人说完就抑扬顿挫地读了起来，陈福林一边听一边脱帽。年轻人诧异地问："主编，是因为屋子里太热了吗？"

陈福林笑着说："不是，我有一个见到熟人就摘帽子的习惯，在你的文章里，我碰到的熟人太多了，所以才会情不自禁地脱帽啊！"

听了陈福林的话，那位年轻人不好意思地退出了他的办公室。

陈福林正是运用了这种幽默的批评方式，既批评了对方的文章涉嫌抄袭，又给足了对方面子，让他无法当场发作。

幽默的批评，能够使谈话的氛围变得轻松起来，并且能够将语言中的攻击性虚幻化，让对方感受不到你的敌意，而感受到脉脉温情。所以，在批评别人的过程中，我们不妨多体会一下对方的感受，不要用生硬的语言将自己的不满表达出来，而应该借助幽默的语言来软化你批评的锋芒，让你在批评他人时也能获得好人缘。

一位老太太走进了邮局的大厅，四处张望了一下后，来到一位工作人员面前。这时候，这位年轻的工作人员正在低头玩手机，没理会老太太。

"小伙子，你好，能麻烦你帮我在这张明信片上写个地址吗?"老太太问。

年轻人皱了皱眉，但又不好拒绝，于是就急急忙忙地为老太太写好了明信片，又低下头玩手机。

老太太笑着说："谢谢你! 能不能在上面再写一句话? "

"什么话啊? "年轻人不耐烦地问。

老太太看着明信片，一本正经地说："麻烦你帮我在下面再加一句:字迹潦草，敬请原谅。"

年轻人先是一愣，然后笑着说："对不起，大妈，是我太粗心了，我现在再都您重新写一张吧！"

这位老太太的聪明之处，就是没有直接指出工作人员工作态度不认真，而是用幽默的语言来提醒他，让他虚心接受了她的批评。这就是用幽默批评人的高明所在。

在批评别人时，很多人都会用大声斥责、严厉指正等方式来纠正对方的错误，这种方式虽然也能达到目的，但往往太过于不近人情。而幽默的方式既可以婉转地反驳对方，又可以保证双方的关系不会因你的批评而破裂。

美国哲学家帕克说："幽默的目的是审美的沉思。"幽默的批评是柔中带刚的利剑，具有意味深长的内涵，它不是简单的玩笑，又不是无聊的逗乐。作为说话技巧之一的幽默批评，是智慧的体现，是语言的艺术，是热情的开导，是真诚的帮助。通过表面上的滑稽和形式上的搞怪，向人们传递严肃的内容与深刻的启迪。

用幽默化解窘境和尴尬

在日常的生活与工作中，我们经常会遭遇到各种各样令人尴尬难堪的交际场合，如果处理不当，就可能给自己招来不必要的麻烦，使自己陷入难以摆脱的窘境。在这种情况下，幽默感就成了救场的一大法宝，能让你从容地化解尴尬、摆脱窘境。

一般情况下，越是在尴尬难堪的危急关头，越能考验一个人的幽默能力，因为在那种情况下，你没有过多的时间来搜肠刮肚地想出应急的招数，又必须在最快的时间内做出反应。

尴尬在生活中无处不在：跟别人初次见面喊错了对方的名字、在大庭广众下出丑、被别有居心的人当众刁难……我们躲不开尴尬，就像司机躲不开红灯。

尴尬的厉害之处，在于明明过了几秒钟，却感觉像是过了半个世纪,面红耳赤、手心出汗、大脑空白……你越是害怕尴尬,尴尬就越是紧紧黏着你。

在这个多变的社会里,当面对尴尬时会产生出三类人。第三类人缺乏处理尴尬的智慧,常常因为尴尬而恼怒不堪,与人发生冲突;第二类人心智平和,虽然面子上挂不住,但还是忍住怒气保持修养笑脸迎人;第一类人则懂得用幽默化解尴尬,让危机变转机,使人敬佩他的智慧与风度。

在生活中,我们难免会遇到各种尴尬之事,处理好了,大家会心一笑,尴尬自然消失;处理不好,不仅当事人感觉难堪窘迫,旁观者也会手足无措。有幽默感的人,通常思路敏捷、反应极快,不管在任何复杂的环境中,都能够从容应对、妙语连珠,凭借着幽默的力量化险为夷。

所谓懂幽默，就是会自嘲

自嘲，又叫"自黑"，是当一个人面对别人的刁难或嘲讽时，通过开自己的玩笑来化解尴尬的一种手段。

自嘲是勇于"自毁形象"的一种幽默，体现的是一个人的坦诚和豁达，既是一剂自我调整心理平衡的良药，又是一种职场自信、豁达、智慧的表现。

1. 自嘲能够倾吐郁闷

在工作中，当我们遇到不顺心的事或受到不公正的待遇时，自己气不过，但又不好当场发作，就可以运用自嘲的策略，以拿自己"开涮"的方式把内心的郁闷、不满吐露出来，达到委婉表达的效果。

2. 自嘲能够打破僵局

在商务谈判或人际交往中,运用自嘲的策略能够迅速地打破僵局,提起人们谈话的兴致。自嘲带有很大的策略性,能达到以退为进的效果,使僵局出现一定的转机。

3. 自嘲能够摆脱窘境

与人交往时,难免会碰到一些野蛮、无理的人对我们进行刁难和羞辱,将我们置于无比尴尬的境地。在这个时候,借助自嘲摆脱尴尬,是一种聪明的选择。在冲突已经发生的前提下,运用自嘲,可以使你的自尊心通过自我调侃的方式得到保护,为心灵增加一层屏障,还能使别人对你有个新的认识。

4. 自嘲能增加幽默感

高情商、具有幽默感的人,往往会运用自嘲的方式对自己的缺点进行适度的包装,拉近与听众的距离,调动现场的气氛,获得别人的依赖和好感。

在别人调侃你之前,先调侃自己,是玩转幽默最安全的方法。敢于拿自己的缺点开涮,这在人人都抢着维护自尊的年代是需要很大的勇气的。

很多人认为,自嘲就是自轻自贱,这种想法其实大错特错。善于自嘲的人,绝对是拥有一颗强大内心的人,而且只有谦虚并且自信的人,才能经受得住自己对自己的"刁难"。

自嘲时,往往意味着"其实我也一般般,并没有什么特别之处"的低姿态，给别人以"这人比较好相处"的亲近感。但是我们要记得，自嘲的目的是进行良好的沟通，讲究适时适度，切不可不看状况，盲目贬低自己，否则，只会适得其反。

捕捉对方心理,把握幽默的分寸感

幽默是生活中的清醒剂和润滑剂,正是因为有了幽默,生活才变得生动且有趣。一个幽默,一般由两部分组成:说话的人和听话的人。可在现实生活中,有些事和有些人是开不得玩笑、玩不得幽默的,应该把握分寸和场合。

1.不要板着脸开玩笑

幽默的最高境界,是讲话者自己不笑,却能让周围的人都开怀大笑。然而,在现实生活中,不是每个人都是幽默大师,不是每个人都能做到板着脸就让别人笑得前仰后合。所以,为保险起见,还是不要板着脸跟别人开玩笑,以免让别人产生误会。

2.不要随便开领导的玩笑

有句话一定要记住:领导永远是领导,永远不要期望能和领导无话不谈。即便你们的关系很铁，也不意味着你对他可以没有任何的敬畏和尊敬。所以，不要自恃自己跟领导的关系很好就乱开玩笑，特别是在人多的场合里，更应该注意这一点。

3.不要和异性开过分的玩笑

不可否认，适当的玩笑可以调节紧张的气氛，跟异性开玩笑也能加深对方的好感。但切记，异性之间并非无话不谈，尤其是不能开低俗下流的玩笑，这不仅会让自己的人格跌入低谷，还会让对方认为你思想不够纯洁。

4.不要总和同事开玩笑

开玩笑不仅要掌握尺度，更要掌握火候，一天到晚大大咧咧地开玩笑，会让同事及领导认为你性格太过跳脱，不够稳重。长期下去，就很难让领导及同事信任你。

5.不要以为捉弄人也是开玩笑

捉弄别人是对别人人格的践踏，而且会给别人带来难以释怀的伤害。轻者会损失友谊，使人际关系面临危机，重者会让你无立锥之地，危及你的饭碗。

6.不要以别人的缺点作为开玩笑的目标

逢人只说三分话，未可全抛一片心。不要拿同事的缺点或不足开玩笑，尤其一定要避免冷嘲热讽的言语。从刺人的话中得到的暂时的满足，远远不及由此引出的麻烦和伤害。

从那个效益不错的外资企业辞职后，徐琼的心情陷入了极度郁闷中。说来也是，徐琼自从研究生毕业后进入那家外企以来，近十年的时间她可谓"春风得意马蹄疾"。

徐琼和她的上司张蓉霞非常合得来，不光性格相投，就是爱好也惊人地相似。比如她们喜欢用同一牌子的化妆品，喜欢同一类型的书，喜欢同一个导演的电影……为此两个人在一起的时间也就多一些。有一次，两人不约而同地穿了一件同一款式的外套，她们在办公室相遇，嬉笑着互骂彼此是妖精，于是徐琼私下里就称张蓉霞"老妖精"，张蓉霞也乐着回一句"小妖精"。

办公室一向都是流言蜚语的滋生地，她们的亲密自然招致了别人的非议。张蓉霞从此留了心，她想慢慢和徐琼保持距离，可是徐琼却没有意识到这点。一天，张蓉霞在自己的办公室里接待一位重要的客户，徐琼没敲门就进来，大声嚷嚷道："嘿，老妖精，今天晚上去看电影怎么样？我弄到了两张电影票。"张蓉霞的脸色立马阴沉了下来，只说了一句："你疯疯癫癫的像什么样子？这是在办公室。"徐琼这才发现在旁边的那张沙发里，坐着一个衣着得体的男士。

年底，优秀员工评选，徐琼落榜了，她知道这一切都是张蓉霞背后操作。看着同事们在背后不断地指手画脚，徐琼自知是再难在这家公司继续待下去了，于是便在递了辞职信之后，孤零零一个人拿着自己的东西离开了公司。

由此可见，不切时宜、不分场合的玩笑不一定会是自己晋升的垫脚石，相反，有时会给自己带来负面影响，想必这是徐琼在当初走近张蓉霞时所没有料到的。

孔子说："可与言而不与之言，失人；不可与言而与之言，失言。"这句话的意思是，"可以同他说的话，却不同他说，这就是失掉了朋友；不可以同他说的话，却同他说，这就是说错了话。"语言是思想的衣裳，谈吐是行动的翅膀。它可以表现一个人的高雅，也可以表现一个人的粗鄙。言谈高雅即行动之稳健；说话刻薄即行动之草率。

任何事物都有一个"度"，幽默调侃也不例外，它也遵循着"物极必反"的道理。作为语言的传播者，我们更应该慎重而恰当地把握好幽默语言的"度"，千万不要把玩笑开过了头。如果你的幽默让人觉得受嘲弄，被"涮"了，那就过火了，弄不好还会产生矛盾，适得其反。

1984 年，时任美国总统里根在讲话前，想试一下音响是否正常，于是便对着话筒开玩笑说："我亲爱的美国人民，今天我十分高兴地告诉你们，我已经签署了一项将永远取缔苏联的法案，我们将在 5 分钟之后对苏联进行轰炸。"

演员出身的里根一向非常善于运用幽默技巧，但这次内容敏感的幽默却给他捅了篓子,引起了一场轩然大波,苏联甚至因此向美国提出了外交抗议。

得体的幽默能反映出一个人的语言素养和思想水平,不仅有助于拉近双方的感情,还能更好地展现一个人的人格魅力。但是,幽默一定要把握好尺度,掌握好分寸。语言的威力是极强的,话一出口便覆水难收。所以,无论在任何时候,我们都要谨记,千万不要"幽默"过了头,否则到头来吃亏的只有自己。

把握幽默的"度"是一个高难度的语言动作,就如同走钢丝一样,稍有不慎便会粉身碎骨。所以,我们在运用幽默的时候,一定要把握最佳尺度,保持幽默的品位和格调,特别是在一些重要的场合,一个庸俗、低下的幽默不仅会令对方感到反感,还会使你的形象大打折扣。

第九章
高情商，掌控沟通的主动权

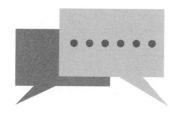

把握沟通的主动性

小野明天就要参加小学毕业典礼了。为了留住这一美好时光，小野开开心心地上街买了条裤子，可惜回家一试，裤子长了两寸。

晚上吃饭的时候，趁奶奶、妈妈和嫂子都在场，小野把新买的裤子长两寸的事情说了一下，饭桌上大家都没说话。饭后，大家都去忙自己的事情了，小野也早早地休息了。

妈妈洗完锅之后，想起儿子明天要穿的裤子不合身，于是就悄悄地一个人把裤子剪好叠好放回原处。

半夜里，忽然刮起了大风，窗户"咣"的一声把嫂子吵醒了。嫂子醒来后，突然想到小野新买的裤子长了两寸。自己怎么能这么大意呢？可不能事事都让长辈操心，于是她披衣起床将裤子剪好后才安然入睡。

奶奶起得最早，她锻炼完后想起来孙子的裤子长了两寸，于是趁大家都没起来的时候对小野的裤子做了处理。

结果，第二天早晨，小野只好穿着短六寸的裤子去参加毕业典礼了。

一个优秀的团队，强调的是精诚团结，这其中，如何沟通是最重要的。团队缺乏沟通，就会产生矛盾，酿成隔阂，永远也不会形成团队合力，就如上面的故事一样。

俄国著名的思想家、文学家列夫·托尔斯泰说过："与人交谈一次，往往比多年闭门劳作更能启发心智。思想必定是在与人交往中产生，而在孤独中进行加工和表达。"的确如此，沟通是一切成功的垫脚石，沟通能带来理解、带来合作，有效的沟通才能让团队充满凝聚力，工作起来才能事半功倍。

牛根生说过："企业80%的矛盾和误会都来自沟通不畅。一家企业的发展20%靠战略，80%靠执行，执行的80%在于充分的沟通，而企业80%的矛盾和误会也基本都来自沟通不畅。"《孙子兵法》中有云："上下同欲，士可为之死，为之生。"由此可见，沟通在团队中的重要性是不言而喻的。如果忽视了沟通的重要性，就会造成团队之间交流不畅，降低团队的整体效率，影响团队的发展。

有一个博士被调到一家研究所工作,作为研究所里学历最高的人,他不禁有些沾沾自喜。一天,博士到单位后面的小池塘去钓鱼,正好正副所长在他的一左一右,也在钓鱼。

"听说他俩也就是本科学历,跟他们聊天太跌份儿了。"这么想着,博士只是朝两人微微点了点头,没有说话。

一会儿,正所长站了起来,伸了伸懒腰,突然噌噌噌从水面上飞一般地跑到对面上厕所去了。

博士看到这一幕眼珠子都快掉下来了:"水上漂?不会吧?这可是一个池塘啊!"

少顷,正所长回来了,同样也是噌噌噌地从水上漂回来了。

"这也太神奇了吧?"博士生刚才没去打招呼,现在又不好意思去问,自己是博士啊!

过了好一阵,副所长也放下钓竿站了起来,走了几步,也迈步噌噌噌地漂过水面上厕所了。

这下子博士更加不相信自己的眼睛了:"怎么回事儿?难道我到了一个江湖高手集中的地方?"

过了半天,博士也内急了。这个池塘两边有围墙,要到对面厕所非得绕十分钟的路,而回单位上又太远,怎么办?

博士放不下架子,不愿意去问两位所长,憋了半天后,于是也起身往水里跨,心想:"我就不信这本科学历的人能过的水面,我博士不能过!"

刚一伸腿，只听"扑通"一声，博士栽到了水里。

两位所长见状后赶紧将他拉了出来，问他为什么要下水，他反问道："为什么你们可以走过去而我就掉水里了呢？"

两位所长哈哈大笑，半天后，副所长说："这池塘里有两排木桩子，由于这两天下雨涨水，桩子正好在水面下。我们都知道这木桩的位置，所以可以踩着桩子过去。你不了解情况，怎么也不问一声呢？"

在我们的生活中，有太多人像这位博士一样，他们总以为自己无所不知，对别人的想法了如指掌，遗憾的是，事实并非如此，团队中若是缺乏一个畅通的沟通渠道，时间一长，团队领导者就会变成聋人和盲人，坐在关键的位置上，却获取不到更多的资讯。

管理大师彼得·德鲁克曾经说过："管理就是沟通、沟通、再沟通。"团队中间能否创造出一种和谐的人际关系，所依靠的就是沟通。而在这段关系中，团队领导者应该积极主动地寻求沟通，而不应该被动等待。

1.积极倾听

主动沟通不仅在于适时开口，还在于适时闭嘴。如果你不闭上嘴巴，就无法张开耳朵。因此，在团队成员主动表达自己的观点的时候，我们不应该随意打断，而要认真倾听，认真分析对方的真实意图。

2.亲自沟通

有些管理者为了彰显自己的"高高在上",喜欢指派某一位"亲信"去征集大家的意见,自己则通过反馈来掌握员工的所思所想。然而,最佳的沟通效果是面对面的,中间的传话筒越多,所获取信息的真实度就越低。所以,管理者需要亲自沟通,与员工进行面对面交流,相信自己亲眼所见,亲耳所闻,而不是通过别人的嘴巴。

沟通效果最佳的方式还是面对面,中间所经过的人越多,所获取的信息往往越不够真实。所以,管理者既然想要去沟通,那就与员工当面交流,相信自己的耳朵,而不是依靠别人的嘴巴。

3.定期沟通

有效的沟通应该是长期性的,而不以管理者的兴趣为转移。当团队内部形成了定期沟通的好习惯,就能营造出一种昂扬向上的氛围,员工们在乐于提意见的同时,也会极大地提高工作的积极性,如此一来,工作效率便会大大提高。

4.真情沟通

在沟通时,管理者应做到真情实意、态度诚恳、不虚伪、不做作。所谓"肝胆相照,谓之知心",真情沟通能增加员工对管理者的信赖度,避免因"明哲保身"而说假话。

5.平等沟通

在所有人际交往的范畴内,平等沟通是最重要的。只有做到真正意义上的平等沟通，才能提高工作效率。平等沟通的前提是，管理者一定要对员工一视同仁、不任人唯亲、不论资排辈、不以貌取人、不求全责备，让沟通平等化、公开化。

　　不管在什么时候，团队内部的主动沟通都非常重要。毫不夸张地说，没有主动沟通，就构不成卓越的团队。所以，团队领导者一定要建立完善的沟通渠道，打破等级制度，不放过任何一个主动沟通的机会，创造时时能沟通、人人可沟通的良好氛围。

转移话题,别让局面太冷场

所谓冷场,是指在沟通过程中,因为某些原因而造成的无法接话、交流中断、气氛尴尬的现象。冷场,是交流中最为忌讳的现象之一。

不管你说什么,对方说一句话就把后面的路堵死了,让你不知该如何接口;无论气氛多热烈,只要某人一开口,就立马能够冷下来;不会接话,好不容易接一句,结果接了还不如不接……

在团队中,有很多这样的人,因性格内向或其他原因所致,让交谈陷入他"卡"你"等"的尴尬局面,不仅影响团队交流,更让工作陷入僵局。

一次,有一名记者问著名主持人蔡康永:"你采访过的人形形色色，请问你最不愿意采访的是什么样的人？"

蔡康永想都没想就脱口而出："我最不愿意采访的是那些说话常常冷场的人。如果嘉宾是一个很健谈的人，主持人就会很轻松，不必一味地去找话题，因为往往一个话题就会聊得大家兴高采烈，而一个话题结束后，马上就会有另一个话题。但是，如果嘉宾是一个'冷场王'的话，主持人就会很累，因为嘉宾的很多话让人接不下去，你需要随时准备制造下一个话题。"

有一位先贤曾经说过："当一扇门向你关闭之际，另一扇窗将向你打开。"在跟人交流的过程中，常常碰见说不下去的情况，这时候，千万不要一头扎进死胡同，而应该改变一下思路，巧妙转弯，让交谈产生"山重水复疑无路，柳暗花明又一村"的效果。

"此路不通"就换个出路，这个方法不行就换个别的方法。一个聪明且懂得高情商沟通的人，必然懂得转弯的道理，当他发现前面的道路走不通时，就能够及时转换思路，改变方法，让自己在社交和事业中立于不败之地。

有一位销售员，经常走街串巷推销电器。这一天，他来到一间农舍前敲门。户主是个上了年纪的老婆婆，她只将门打开了一条缝。看到来人像是一个销售员的样子，她又猛地将门关上了。

销售员毫不退缩，鼓起勇气继续敲门。过了半天，老婆婆才又将门打开,却还是一条小缝,而且,还没等对方说话,她就破口大骂起来。

销售员一看形势不对,就急忙岔开话题:"太太,我看您是误会了,我来拜访您并不是来销售东西的,我只是想向您买一些鸡蛋。"

听完销售员的话,老婆婆的态度稍微有些缓和,门也开大了一点。销售员接着夸奖道:"您家的鸡真与众不同,它们的羽毛长得真漂亮。这些鸡是绿原鸡吗?"这时,门开得更大了。

这位婆婆诧异地问销售员:"你怎么知道这是绿原鸡?"

销售员知道自己的目标已经达成,便乘胜追击:"我家在乡下,也养了很多鸡,可我家养的鸡跟您的没法比。我家饲养的来亨鸡,只会生白蛋。太太,您应该有经验的,做蛋糕用红色的鸡蛋比白色的鸡蛋要好一些。我太太今天要做蛋糕,所以我跑到您这儿来了。"

老婆婆这会儿已经彻底卸下了心理防线,显得高兴,她迅速转身到屋里去取鸡蛋。

老婆婆进屋后,销售员开始观察周围的环境。他发现,墙角有一整套务农设备。于是,他有了主意。

不一会儿,老婆婆拿着鸡蛋出来了,销售员说:"太太,我敢肯定,您养鸡赚的钱一定比您先生养奶牛赚的钱多。"

这句话忽然让老婆婆心花怒放,因为她丈夫一直不承认这件事，而她总想把自己的成就与别人分享。

于是，这位老婆婆把销售员当成了朋友，并邀请他参观自己的鸡舍。参观的时候，销售员不时地会称赞几句。两人越聊越投机，很快成了知心的朋友，互相交流着养鸡方面的常识和经验，时间不知不觉就过去了。当老婆婆谈到孵化小鸡的麻烦和保存鸡蛋的困难时，销售员立即不失时机地向她成功地销售了一台孵化器和一台大冰柜。

当僵局或冷场已经形成时，不妨学学这个销售员，暂时结束这一话题，另起一个新话题，等气氛融洽后再继续之前的话题。

西方一些国家的国会进行质询时，我们经常可以看到这样的场景：被反对党议员们严厉追问的另一政党的议员们，往往会灵活地转移话题。

"关于这个突发事件，正如您所言，的确非常有道理，但是，请容我把下面的话说完……"

"正如您所言，这个问题非常值得重视，我们调查清楚后将再作报告，在这之前先……"

"您的意见非常宝贵，所提的问题也非常尖锐，但如果我们换个角度看……"

在交谈的过程中，尴尬的场面或冷场时有发生，如果不加以引导，轻则让交谈陷入停顿，重则使双方之间的分歧越来越大。所以,不管是什么原因导致的僵局和冷场,我们都应该及时缓解局面,巧妙地转移话题,转移对方的注意力,让交谈得以愉快地进行下去。

换位思考，彰显气度

有人说，"世界上最远的距离，不是生与死，而是我站在你面前，你却不知道我爱你。"而对于团队的领导者来说，世界上最远的距离，是员工站在你面前，你却不知道对方心里在想什么。

换位思考，就是站在对方的立场上，设身处地地为他人着想，理解至上的一种处理人际关系的思考方式。在团队建设中，一旦缺少换位思考，得出的结论就会带有偏见色彩，使问题越来越复杂，人心越来越分崩离析。所以说，换位思考的能力决定着情商的高低，更决定着事业的成败。

英国有一句谚语："要想知道别人的鞋子合不合脚，穿上别人的鞋子走一英里。"很多时候，双方之所以会产生误会，就是因为每个人所处的位置不一样，而引起的思维差异。这时，如果我们能学会换位思考,站在对方的立场上体验和思考问题,设身处地地为对方着想,理解对方的难处和行为,事情也就变得简单多了。反之,如果你不懂得换位思考,总是过分武断地"想当然",那么你就会失去友情、爱情,甚至亲情。

这是一个悲惨的故事,也是一个真实的故事:儿子从旧金山打电话给父母:"爸、妈,我从越南回来了,可是我的一个战友没地方去,我想把他带回家。""当然可以啊!"父母回答,"我们会很高兴见到他的。"

不料儿子的话泼了他们一头冷水:"我这位朋友在越战中受了重伤,少了一只胳膊和一条腿,他现在举目无亲,需要在咱家生活很长一段时间。"

父亲劝儿子:"儿子,不是我不近人情,你想想,像他这样残障的人会对我们的生活造成很大的困扰。我们的生活已经够拮据的了,不能就让他这样破坏了。我建议你自己回来然后忘了他,他迟早会找到自己的归宿的。"

电话那头的儿子沉默半晌,默默挂上了电话,他的父母再也没有他的消息了。

几天后,旧金山警局的警员找上门来,告诉他们亲爱的儿子已经跳楼自杀了。伤心欲绝的父母马上飞往旧金山,并在警方带领之下到停尸间去见儿子最后一面。

儿子静静地躺在那里，但让他们惊讶的是，儿子居然只有一只胳膊和一条腿。

在职场上，有句话叫"找个好老板比找个好老婆还难"。这句话虽然含有开玩笑的意味，却道出了职场中人的心声。在职场里，领导者和员工之间之所以会产生矛盾，就是因为员工和领导者站在不同的角度和立场上。因此，领导者一定要善于与员工沟通，站在员工的立场上思考问题。如果一个团队里能够上下同心，力往一起使，所爆发出来的能量是惊人的。

立场不同，看待事物的角度也就不同，学会换位思考，我们将收获更多。站在领导的角度去思考，我们能做出更好的业绩；站在同事的角度去思考，我们能让工作氛围更加和谐；站在客户的角度去思考，我们能够提供更好的服务。

有一次，陶行知校长看到一个男生用泥巴扔另一个男生，便当场阻止了他，并让他放学后到校长室来。

放学后，当陶行知来到校长室时，该男生已经在门口等着了。一见面，陶行知便从口袋里掏出一颗糖果递给那个男生，并微笑着说："对不起，我迟到了，这是给你的补偿。"该男生疑惑地接过糖果。

陶行知又掏出一颗糖果递给他说："这颗糖果是奖励你的，因为当你拿泥巴扔别人的时候，我让你住手，你便停手了，说明你还是挺尊重我的。"男孩更加疑惑了，他眼睛睁得大大的。

然后，陶行知又掏出一颗糖果，放到他手里说："今天下午我查证过了，你之所以拿泥巴打人，是因为对方欺负女同学。你敢反抗，说明你很正直善良，我应该奖励你。"

话音未落，男孩就泪流满面地说："陶校长，我错了，我不应该打人的，虽然对方不对，但他毕竟是我的同学啊！"

看到这一幕，陶行知满意地点了点头，然后掏出第四块糖果递过去，说："既然你认识到了自己的错误，我就再奖给你一块糖果，现在我口袋里的糖果都掏光了，咱们的交谈也结束吧！"说完就走出了校长室。

针对叛逆、有抵抗心理的年轻人，陶行知并没有严厉斥责，而是打破固有的思考习惯，站在对方的立场上，有变通性地采取说服策略，最终让男孩认识到了自己的错误。

古人云："要想好，打颠倒。""换位思考"是人际交往中最重要的处事法则，也是基本的道德教谕。孔子说："己所不欲，勿施于人。"《马太福音》里说："你们愿意别人怎样待你，你们也要怎样待人。"可见，不同地域、不同民族、不同国家、不同信仰、不同文化的人们，都在说着相同的话。

人们在沟通的时候，总喜欢站在自己的角度去思考问题。如果管理者能换个角度，站在员工的立场上看待问题，就会多些理解与宽容，少些门槛与羁绊，让矛盾在和谐的环境中得到解决。

以和为贵，巧妙化解冲突

武侠小说作家古龙曾经说过："有人的地方就有恩怨，有恩怨就有江湖。"任何团队内部，都会强调以和为贵，但由于每个人性格、背景、价值观的不同，员工之间产生冲突在所难免。

通用汽车公司董事长史隆曾经说过："意见相左甚至冲突是必要的，也是非常受欢迎的事。如果没有意见纷争与冲突，组织就无法相互了解；没有理解，只会做出错误的决定。"由此可见，矛盾其实也是一种沟通方式，正面的矛盾有时反而能提高团队的凝聚力，成为团队高效的润滑剂。

一个矛盾太少的团队，一定是一个死气沉沉的团队。这种团队里的人必然互相漠不关心，工作墨守成规，工作效率可想而知。如果团队内部有适当的矛盾，则能够激发员工的兴奋度和工作热情,增强员工的创新意识和主人公意识。

然而,对于团队员工之间的矛盾也不是可以一概任其发酵,一旦矛盾影响到团队的日常运作,就应该尽快化解。

"公说公有理,婆说婆有理",当员工之间出现分歧和冲突时,领导者应该明辨是非,找出恰当的解决方式,而不是让自己也参与其中,成为冲突的一分子。

高情商的领导者都知道,调节矛盾不能一拖再拖,如果你一味拖延,员工之间的矛盾只会逐步升级。对待矛盾,事后调节不如事中调节,事中调节不如事前调节;高压不如说服,惩罚不如感化。只有取得了双方的信赖,了解他们内心的矛盾真相,才能找到解决矛盾的钥匙。

清晨刚上班,王小虎兴冲冲地抱着一盆绿植走向卫生间,准备给他的"宝贝"浇水。

谁承想刚一踏进卫生间大门,左侧突然跑出一个人,正好与王小虎撞个满怀,将他抱着的绿植撞翻在地。

王小虎看到满地的碎片,忍不住抱怨道:"你看!你这个人没长眼睛吗?把我辛辛苦苦养了好几年的绿植撞翻了,你怎么给我一个交代?"

这个名叫张荣的员工也气冲冲地说:"已经打翻了,顶多说一声'对不起'就完了,你干吗这么凶呀?"

王小虎非常生气地说道："你这是什么态度?真是一点教养都没有,自己错了还要怪别人!"

接着,他们互相谩骂起来,各种粗言俗语此起彼伏。

办公室的马经理刚好从这儿经过,看到两人在大庭广众之下吵架,实在有碍观瞻,便将两人带到办公室,问明原委,劝道:"撞翻了别人的东西是不应该的,但是不肯接受别人的道歉也不合适,这都是低情商的行为。能坦诚地承认自己的错误并虚心接纳别人的道歉,才是智者的举止。"

马经理接着又说道:"我们生活在这个世界上,每天都面临着各种协调。比如:在工作中,如何与领导、同事取得协调;在教育上,如何与老师取得沟通;在经济上,如何正确地规划收支;在家庭中,如何培养夫妇、父子的感情;在健康上,如何养好自己的身体;在精神上,如何选择自己的人生观和价值观,方才不辜负我们宝贵的生命。你们细想一下,为了一点点小事,一大早就破坏了一整天的好心情,值得吗?"

听完马经理的教诲,张荣说道:"经理!我错了,刚才实在太冒失了!"说着便转身向王小虎道:"请接受我真诚的道歉!我实在太不应该了!"

王小虎也由衷地说道:"我也有不对的地方,不该为这点小事就怒气冲冲,实在太幼稚了!"

正是由于马经理委婉地指出了两人的错误，既保全了他们的面子，又引导他们的情绪慢慢走向平和，最终让冲突顺利解决。当然，最后两人也受益匪浅。

员工在工作中出现意见和分歧，这是很正常的事情，当矛盾产生时，领导者就要通过对话、沟通来消除误解和隔阂，而不能以权压人。在化解员工矛盾的过程中，要把握好以下三个原则：

1.公平公正

想要化解矛盾，有一个基本的前提是不偏不倚、公平公正，如果你偏袒了一方，那么矛盾不但得不到解决，反而有可能激化矛盾。因此，领导者一定要作为中间人来调解矛盾，秉持客观公正之心，不能让别人觉得你厚此薄彼，从而产生抵抗心理。

2.对症下药

领导者出面调解矛盾时，首先要了解矛盾的来源，弄清楚具体的情况，化解矛盾也是这个道理，只有弄清楚了具体情况，才能对症下药，做出客观公正的判决。

至于如何去了解情况，领导者可以直接找当事人去了解，不过找员工进行了解，一定要放下架子，主动搭腔，在没有得出确定的结果之前，不要责备任何人。同时，领导者也可以侧面了解，询问一些了解内幕的员工。最为重要的是，千万不能只听一面之词，而应该多方查证，尽可能获得全面准确的信息。

3.就事论事

一个高明的领导者,在解决矛盾时懂得就事论事,不翻旧账。矛盾的产生必有其原因,通常情况下双方都认为自己占理,在这种情况下,解决矛盾要具体问题具体分析,找到真正的矛盾点,不要翻以前的旧账,以免引起员工的逆反心理。

化解员工之间的矛盾和冲突是领导者的一项重要工作,如果在一个团队里,领导者对员工之间的矛盾不管不顾、不闻不问,就会出现人才流失的现象。

所以,一个聪明的领导者,不仅懂得做好自己的分内工作,还懂得给大家营造出一个心情舒畅的环境。有了和谐的工作环境,才能精诚合作,人心聚集一处,力量汇聚一处。长此以往下去,这种和谐的文化就会传承下来,成为企业的核心文化。

勇于承担责任，让众人都信服你

团队中很多上下级之间的矛盾，往往是由于领导者自己犯了错误，却磨不开面子，死不认错，甚至一而再、再而三地犯同样的错误。长此以往，就会使领导者渐渐失去人心，不利于团队的发展。

错误并不可怕，可怕的是你不愿意承认自己的错误。作为团队的领导者，如果你能在员工面前公开承认自己的错误，不仅不会丢失你在员工心中的威信，反而会得到员工进一步的尊敬。须知，员工信服的，不是推卸责任的领导者，而是勇于承担责任的领导者。

勇于承担责任，不仅是一个领导者应有的素质，也是高情商的特征之一。很多大公司的领导者都具备这一特质。

　　某报社的主编陈学良在阅读稿件时,总喜欢把自己认为重要的段落用红笔勾出,以提醒编辑、校对人员的重视。

　　有一天,一位刚入职的校对员偶然读到一段文字,是被陈学良用红笔勾出的。这段文字的大致意思是说,有一位忠实的读者送给本报一个很大的苹果,在那红彤彤的苹果皮上,清晰地印着一排白色的字,仔细一看,原来是主编陈学良的名字。这真是一个令人惊叹的奇迹!试想,在一个普普通通的苹果上,怎么会出现主编的名字呢?我们在惊奇之余,询问了很多专家,却始终没搞懂这个奇迹是怎样出现在苹果上的。

　　那个年轻的校对员是从农村来的,家里就有苹果树,他读了这段文字后不禁笑起来。因为他知道,这苹果上的字迹,是在苹果还没长成的时候,把字贴在上面,等苹果变红了,将纸揭去,文字自然就显现在苹果上了。这是很多苹果商都懂的一个小把戏而已。

　　于是,这位年轻的校对员心想,如果这段文字原封不动地登到报纸上,肯定会被行家讥笑,说他们的主编居然如此不明真相,连这样一点"小把戏"也会"询问专家,始终搞不懂……",因此,他便大胆地将这段文字删掉了。

　　第二天一上班,陈学良看了报纸,立刻气呼呼地走来,质问那位校对员:"昨天我给你的稿子中有一篇我用红笔勾出的关于'神奇苹果'的文章，为何今日没有见报？"

那位校对员连忙向主编解释，并旁敲侧击地指出了主编的错误。听完他的理由后，陈学良立刻十分诚挚和蔼地说："原来是这样！是我错了，我向你道歉。你做得很对。以后只要有站得住脚的理由，即便我用红笔勾出了，你也可以自行取舍。"

陈学良坦然承认错误的态度值得我们学习。作为团队的掌舵人，当工作中出现失误时，领导者如果不能坦率地承认错误，他的员工就更不可能自觉地承担责任。反之，通过诚恳的检讨和反省，领导者可以把团队重新凝聚起来，同时也会赢得广泛的赞誉和支持。

每个领导者都有犯错的时候，对待错误，正确的做法应该是及时承认并弥补过失，作为一名领导者更应该如此。人们发明橡皮擦、涂改液是为了什么？为的就是让人在犯了错之后，有机会改正重来。巴顿将军为此说过："那些自以为是而不敢承认错误的人，一文不值，遇到这种军官，我会马上调换他的职务。一个人一旦自以为是、不负责任，就会远离前线作战，这是一种典型的胆小鬼的表现。唯有负责任的人，才会为自己从事的事业心甘情愿地献身！"

马永忠是一家公司的财务主管。有一次，一名员工因病请假半月,马永忠做账时忘了这一点,仍旧按平时给他发了整月薪资。

当马永忠发现这个错误后,马上联系那名员工,要在他下个月的工资中减去多付的钱款。但那位员工不同意马永忠的这一提议,说这样做会让他下个月的生活变得严重紧张,因而要求分期扣除他多领的工资。如果按那位员工说的做,马永忠必须得到领导的同意,难度挺大,上级一定会不满。

马永忠认识到,这一切混乱都是由于自己的疏忽引起的,必须向领导坦率地承认自己的错误。他走进了领导办公室,向领导说自己犯了一个错误,接着陈述了事情发生的经过。

领导听完后大发脾气,指责这是人事部门的疏忽,与马永忠无关,但马永忠仍旧说是自己犯的错。领导又责备财务部的其他两位同事,马永忠坚持说是自己的错误。最后领导说:"好吧,就算这是你的错误,现在把这个问题解决掉吧。"

马永忠顺利地按自己的想法解决了这个问题,自此之后,领导对他倍加重用。

古语云:"君子之过如日月之食。"很多著名的企业领导者,在成功的前期一般都愿意察纳雅言,并勇于承认自己的错误,但当他们功成名就后,就开始变得一意孤行,一手遮天。在自己犯错误后,也不愿意低下头承认,甚至盘算着掩盖事实,结果只能是一错再错,无法收场。

想要成功地化解人际矛盾,需要有人站出来指出错误,如果一定要有人来指出领导者的错误，那最佳的对象将是领导者自己。所以,想要成为一个令人信服的领导者,要有承认错误的胸怀和气度,这样才能融洽人际关系,增进员工的信任,才能为自己赢得广泛的支持。

第十章
高情商，让人生更完美

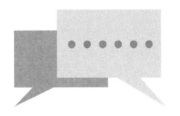

有思想，让你的一生更完美

法国著名的思想家、哲学家卢梭曾经说过："无论就男性或女性来说，我认为实际上只能划分为两类人：有思想的人和没有思想的人，之所以有这种区别，差不多完全要归因于教育。"

通常情况下，如果一个人缺乏主见和分辨事物的能力，我们都会说："他不是一个有思想的人。"但是，什么才是思想？怎样才能做一个有思想的人呢？

思想，通俗点来说就是观点，是一个人面对人生、社会所产生的世界观和价值观。有思想的人，简单来说就是"有脑子的人"。情商和思想往往相辅相成，凡是高情商的人，都是有思想的人。人在茫茫的宇宙中，显得很渺小，但如果你有了思想，你就会变得强大且充满自信。

"思想决定态度,态度控制情绪,情绪影响想法,想法决定一切。"在人生的道路上,没有正确的思想,就没有正确的行动;没有伟大的思想,就没有前进的方向;没有前卫的思想,就不可能有更高的成就。

杨树生在读小学五年级的时候,有一次,考试得了第一名,老师奖励他一本世界地图。杨树生非常高兴,跑回家就开始看这本世界地图。那天晚上,刚好轮到他为家人烧洗澡水。他就一边在灶边烧水,一边看地图。翻着翻着,他看到一张埃及地图,那里有著名的金字塔、尼罗河、法老王,还有很多神奇的东西。这时候他想,长大了一定要去埃及看看。

当他想得正入迷的时候,父亲突然从浴室冲出来,大声吼道:"你在干什么?"

杨树生说:"我在看地图。"

父亲很生气,说:"火都熄了,看什么地图!"

说完,父亲不分青红皂白地"啪啪"给了他两个耳光,并嘲笑道:"我保证! 你这辈子不可能到那么遥远的地方! 赶紧生火。"

杨树生呆呆地看着父亲,心想:"我爸爸怎么会知道我未来的道路? 我这一生真的不可能到埃及去吗?"

20年后,杨树生成功赚取了人生的第一桶金,他做的第一个决定是去埃及,他的朋友都问他:"到埃及干什么？"

杨树生说:"因为我的生命不要被保证。"

杨树生坐在金字塔前面的台阶上，给他父亲寄了张明信片。在上面,他写道:"亲爱的爸爸:我正在埃及的金字塔前面给你写信,记得上小学的时候,你打了我两个耳光,并说我永远不可能到这么远的地方来,现在我就坐在这里给你写信。"

有人说:"我之所以没能出人头地,是因为家境不好！"也有人说:"我之所以一辈子庸庸碌碌,是因为没碰到好的机遇。"其实,这些都是你失败的托词。我们所处的时代是一个开放而包容的时代,每个人面临的机遇、挑战虽然不尽相同,但阻碍你成功的,并不是这些外在因素,而是你的思想。

我们每个人都生活在不同的限制当中,这些限制包括家庭环境和生活习惯。种种的限制不但影响了我们的思维,更加影响了我们的行动。著名编剧廖一梅说:"一个人应该有揪着自己头发把自己从泥土里拔出来的力量。"我们只有摆脱限制,解放思想,才能去追求更高、更远、更美好的未来。

科学家曾经做过这样的实验:他们把一只跳蚤放在一个特制的容器里,让它自由活动,结果,这只跳蚤每次跳起来的高度,都是它身高的 100 多倍。于是,科学家们得出了这样一个结论:跳蚤是世界上跳得最高的动物,没有任何生物能拥有如此强大的弹跳力。

那么，跳蚤的弹跳能力会不会随着环境的改变而有所不同呢？

为了验证这个推想,科学家又做了一个实验:他们把跳蚤放进一个玻璃杯中,上面用玻璃盖盖上,以此检验跳蚤在封闭的环境中的弹跳能力。因为有玻璃盖子的缘故,跳蚤达不到原本的跳跃高度。一开始时,跳蚤总是会重重地撞到盖子上,但是在吸取了多次教训之后,跳蚤学聪明了,它每次跳的高度都略低于玻璃盖子,这样,它既能施展手脚,又不会被撞疼。

看到这一情况后，科学家决定再换一个低一点的玻璃杯试试,实验结果和上面一样,跳蚤再次改变了自己的跳跃高度来适应新的环境。

如此重复数次,直到玻璃杯的高度几乎和跳蚤的身高一样高的时候,跳蚤竟然不再跳了,而是开始爬行起来。

这时候,科学家又把玻璃盖子移走,尽管他们在旁边大吵大叫,跳蚤都不会再跳了,它变成了一只踏踏实实的"爬蚤"！

那么,跳蚤是不是就此不会跳了呢？

科学家又在装有跳蚤的玻璃杯下面，放了一盏点燃的酒精灯。一开始,跳蚤似乎没有什么感觉,依旧在烧杯里不慌不忙地爬着。但随着玻璃杯温度的升高,跳蚤有点难受了,它开始以极快的速度来回爬动,以躲避高温。最后,当玻璃杯越来越热时,跳蚤实在忍受不了了，它用力一跃，轻轻松松地跳出了玻璃杯，逃生而去。

有的时候，人也是如此。很多人不敢去追求成功，并不是成功之路太过坎坷，而是他自己在内心默认了一个"高度"，并常常用这个高度暗示自己："这是不现实的，这是无法达到的。""心理高度"是人无法取得成功的重要原因之一。事实上，一个人的思想决定了他的人生高度。可以这样说：思想有多大，力量就有多大，成就就有多大。

那么，怎样才能成为一个有思想的人呢？

1. 多读书

书籍是人类进步的阶梯，好的书籍，能让人学会独立思考，从而变得有思想。人的一生中会遇到很多的十字路口，在面临选择的时候，只有多读书的人才能做出英明的决策。培根曾经说过："读史使人明智，读诗使人灵秀，数学使人周密，科学使人深刻，伦理学使人庄重，逻辑修辞使人善辩，凡有所学，皆成性格。"书读得多了，自然能充实思想。

2. 多交流

一个人想要变得更加有思想，就要和有思想的人多多交流。有段话是这样说的：你想成为什么样的人，就得跟什么样的人在一起。跟勤奋的人在一起，你不会偷懒；跟积极的人在一起，你不会消极；与智者同行，你会越来越聪明；与愚者为伍，你将越来越低能。

犹太经典《塔木德》中有一句话:"和狼生活在一起,你就能学会嗥叫。"马克·吐温也说:"尽量远离那些轻视你雄心壮志的人。挫他人的志气是小人一贯的伎俩;相反,真正伟大的人则会令你感觉到自己的不平凡。"如果你想成为一个有思想的人,那你就去想方设法接近那些更加有思想的人,这样你才能更快地接近成功。

3. 多思考

思考是思维的一种探索过程,我们在日常的工作生活中,要养成独立思考的意识,只有经过慎重思考之后得出来的答案才是自己想要的。巴尔扎克说过:"一个能思考的人,才真是一个力量无边的人!"思考不仅是一种习惯,更是生命中最重要的细节。思考有多远,成功的路就有多长。所以,想要拥有独立的思想,就一定要在工作、生活中坚持思考,让思考变成一种习惯。

4. 多经历

实践是检验真理的唯一标准。成长的道路就跟玩游戏打怪升级一样,走得越远,地图就越大,打的怪越多,经验就越丰富。单纯而简单的人生,自然会造就单纯而简单的思想;丰富而多彩的人生,自然会造就丰富而多彩的思想。

说到做到，说话和行动一致

在我们周围，常常听到各种各样的梦想：梦想一夜暴富、梦想成为大明星、梦想去环游世界、梦想获诺贝尔文学奖……每一个梦想听起来都非常诱人。但是在现实中，却很少有人能为自己的梦想竭尽所能地付出行动，大多数的人则只是把它当成一个空中楼阁，当成一种心理安慰。梦想就跟影子一样，我们带着它生活一辈子，却从来不会认真地打量它。

有位职场达人曾经说过，先做到再说到，那是圣人；先说到再做到，那是贤人；说到做不到，那是骗人。"梦想成真"是一句很诱人的祝福。世界上的每一个人都有自己的梦想，但是梦想和现实之间，却往往隔着大江大河，非勇往直前、坚韧不拔者不能通过。

雪儿是一个很可爱的小女孩,但她有一个坏习惯,那就是每做一件事时,都把时间浪费在准备工作上,而不是马上付诸行动。

和雪儿住在同一个村子里的魏涛先生有一家水果店,里面出售各种各样的水果。一天,魏涛先生对贫穷的雪儿说:"你想挣点钱吗?"

"当然想,"她回答,"我一直想拥有一双旱冰鞋,可家里的钱不够。所以,我要自己挣钱买。"

"好样的,雪儿。"魏涛先生说,"村口王书记家的院子里有很多黑草莓,他现在让人们免费采摘。你去摘了以后把它们都卖给我,一斤我给你 2 元钱。"

雪儿听说可以挣钱,非常高兴。于是,她马上跑回家拿上一个篮子,准备去王书记的院子里摘草莓。

这时,她情不自禁地想到,还是先算一下采 5 斤草莓可以挣多少钱比较好。于是,她拿出一支笔和一张纸,计算结果是 10 元。

"要是能采 12 斤呢?"雪儿继续计算着,"那么,我又能挣多少钱呢?"

"天哪!"她得出答案,"我能得到 24 元,比我的压岁钱都多。"

雪儿接着算下去,要是她采了 20、40、80 斤草莓,魏涛先生会给她多少钱。她将大把的时间花费在计算酬劳上,一下子就到了午饭时间,她只能下午再去采草莓了。

雪儿吃过午饭后，急急忙忙地拿起篮子赶往王书记家的院子。然而，许多跟她一样的孩子在午饭前就到了那儿，他们把长势好的草莓都摘光了，可怜的雪儿最后只采到了将近一斤草莓。

回家的途中，雪儿想起了老师经常说的话："凡事需尽早着手，干完后再去想，因为一个实干者胜过一百个空想家。"

我们常常喜欢躺在床上盘算：我要在两年内升职加薪，5年内开一家广告公司，10年内将公司上市，15年的财富可以荣登福布斯富豪排行榜；然后我就一边享受着惬意的生活，一边写回忆录。

然而，更多的人只是将梦想停留在了想象的层面，口中总是说"等条件成熟了再说吧"，殊不知，"万事俱备"只不过是"永远无法完成"的代名词。一旦拖延不决，愚蠢地去等待"万事俱备"，那你到头来什么都干不成。

苹果公司创始人乔布斯曾经说过："苹果公司的伟大之处在于把创新落实到行动上，一千次空想也比不上一次行动。"大文豪雨果在他的《传记》中也说道："唯有付诸行动，梦想才能成真。"十个想法不如一个行动，只有说到做到才能产生奇迹。

高情商的人通常都很有上进心，懂得"知行合一"的道理，说到做到，从不半途而废。

其实，这世间最感动人的不是真情，而是坚持。在遇到挫折、失败的时候,我们是像故事中的这位男士一样坚持不懈,还是一蹶不振?如果你只能领受成功的欢悦,却无法承受失败的打击,那你就注定难以冲出自设的牢笼。

美国第三十届总统卡尔文·柯立芝说:"这世界上没有什么可以代替'坚持';聪明的才智不能——聪明的但不成功的人比比皆是;天才也不能——有很多天才得不到认可也是个很好的证明;高学历的教育也不能代替——这世界上现在满是受过教育的废物;只有坚持和决心才是唯一万能的。"成功的法则其实很简单,而成功者之所以寥寥无几,并不是因为他们拥有常人没有的机会,而是比别人多了一份坚持,比别人多走了几步。

巧用礼仪，提高自己的情商

礼仪在我们的工作生活中扮演着极其重要的角色，它不仅能体现一个人的素养，更是人情世故的重要一环。我们经常听别人说："那家的孩子真有礼貌，同样一句话，从他嘴里说出来就不一样了。"可见，说话的态度不同，得到的结果也不同。

懂礼仪，是一个人身上最有价值的教养。礼仪并不是一种形式，而是发自内心对别人的尊重。懂礼仪会让你在社交中不断地提高情商，从而越过各种雷区和陷阱。

文质彬彬，然后正人，懂礼貌的人，可以轻松地赢得一切，赢得陌生人的信任，赢得朋友的关心，赢得同事的尊重。礼仪就像细雨春风，时时刻刻在滋润着人们的心灵，沟通着人们的情感。

有一个矿泉水销售员叫王洋,他每天骑着自行车在大街小巷推销罐装矿泉水。因为当时罐装矿泉水刚刚推出,人们的认可度不高,所以他的业绩很惨淡,刚开始的一个月只推销出去十六罐。他的底薪很低,只有600元,因为他主要是赚取效益工资,每推销出一罐矿泉水提成两元。

第二个月,王洋只发展了二十个客户。

第三个月,王洋依然毫不气馁地奔波着。

有一天,王洋骑着自行车去给郊区的一家居民送货。这家居民家里只有一位腿脚不便的老妇人,王洋先是微笑着跟对方打招呼,询问对方的身体状况,然后换上鞋套帮助老妇人将水罐装到饮水机上。

这时候,家里的电话突然响了。装好水罐,王洋和老妇人简单聊了聊,他了解到老妇人家来了外地客人,但对方不知道老妇人家的具体位置,打电话让老妇人家里人去车站接,而老妇人的儿子今天刚好不在家,保姆又刚刚辞职了,老妇人一副很为难的样子。

王洋笑着说,他可以顺道去车站帮助接客人。老妇人满脸惊喜地答应了。于是,王洋到汽车站将老妇人的客人接回家来了。

一周后,王洋不断接到老妇人邻居们的订水电话。两周后,老妇人的儿子打来电话,说他所在的公司以后也从王洋这里订水。

此后，越来越多的订水电话打了过来，都说是老妇人介绍的。第三个月，王洋的推销成绩猛增到六百罐，王洋终于不再为生计发愁了。

几个月后，王洋特意来到老妇人家表示感谢，老妇人却笑着对他说道："谁会拒绝一个有礼貌的人呢？因为你给我留下了深刻的印象，我就将你介绍给了我的左邻右舍和我做经理的儿子，希望他们都用你的水。这样，我的邻居和儿子又相继将你推荐给了别的用户……"

半年后，王洋已经拥有了好几千个固定客户，每个月都能销售出去八千罐水，同时他也被提升为当地的区域销售经理。

礼仪不是繁文缛节，更不是虚情假意。礼仪是人类文明的标尺，是一个人美好心灵的综合体现。所谓"礼之用，和为贵"，如果你是一个懂礼貌的人，谈吐恰当、含蓄，举止自然、有节，就会给人留下深刻的印象，别人愿意和你深交，你办起事来也容易得多。

相反，如果你是一个粗鄙无礼的人，一开口就脏话连篇，举止轻佻、夸张，那么肯定会被大家反感。时间一长，别人就会对你产生误解，阻碍你的社交。

一个小镇出现了饥荒，善良而富有的面包师约克先生把城里最穷的几十个孩子聚集他家门前，然后拿出一篮子面包，对他们说:"可怜的孩子们,你们可以一人拿一个面包。在光景好转以前,你们每天都可以来拿一个面包。"

话音刚落,这些饥饿的孩子就开始疯抢起来,他们都想拿到最大的面包。当每个孩子都拿到了面包后,竟然没有一个人向这位好心人说声谢谢,就跑开了。

只有一个叫艾伦的小女孩显得那么与众不同,她没有上前去跟大家争抢,而是静静地站在旁边,等别的孩子都拿到面包以后,才拿起了篮子里最小的一个面包。她并没有急于离去,而是真诚地向面包师表示了感谢,并亲吻了他的手之后才向家走去。

第二天,善良的面包师约克又来了,他把盛面包的篮子放到了孩子们的面前,孩子们依旧如昨日一样疯抢着。这一次,文静的艾伦只得到一个比头一天还小一半的面包。当她回家以后,妈妈切开面包,竟然从里面掉出来很多崭新的银币。

艾伦的妈妈惊讶极了,她叫道:"好孩子,你赶紧把钱给约克先生送回去, 一定是和面的时候不小心揉进去的。赶快去,赶快去! "

艾伦依言来到面包师约克家,递上了面包里面的银币,并表达了她们一家的感激。约克面露慈爱地说:"不,我的孩子,这没有错。是我特意给最小的面包里包入银币的,这是你应得的奖励。因为你每次拿到面包后,都没有忘记跟我说声'谢谢'。回家去吧,告诉你妈妈这些钱是你的了。"

可见，人际交往中一句简单的"谢谢"，除了会让人心情愉悦，还会产生许多让你意想不到的好处。

礼仪是博爱的花朵，不用花钱却能赢得一切。有礼之人最大的特征就是得体、谨慎、谦虚、礼貌、沉默、尊重他人，给人留下举止言行富有教养的印象。切斯特菲尔德勋爵是 19 世纪著名的绅士，有一次他在给儿子的信中写道："永远不要显得比你周围的人更聪明、更有学识。将你的学识像手表一样，小心放进自己的衣袋里，不要轻易拿出来炫耀，而只是让人知道你也拥有它。"

情商高的人，会自然而然地流露出得体的礼貌，让人感觉友善、有修养和被信任。所以，建议大家不论是做什么工作，要想得到他人的认可，获得良好的人际关系，就一定要善用"礼仪"这一武器，与人交往时掌握一定的分寸，既豪爽坦率又不失礼仪。对上级和领导，既要尊重，又不必阿谀奉承、低三下四；对员工和下属，既要谆谆告诫，又不可眼高于顶。如果你总是摆出一副高高在上的架子，盛气凌人地与别人相处，对方就会对你心生厌恶，从而拒绝和你交往。